In memoriam
meiner Mutter und meiner Großmutter

Inhalt

Kapitel 1
Einführung

> «Ich mag die Vorstellung von einem einheitlichen Thema nicht, ich ziehe das Spiel des Kaleidoskops vor: man schüttelt es, und die kleinen farbigen Glasstückchen bilden ein neues Muster.»
> Roland Barthes, *Die Rauheit der Stimme*

In einem Altenheim in Connecticut durften sich eines Tages ältere Bewohner Zimmerpflanzen aussuchen, die sie selbst pflegen wollten, und wurden aufgefordert, verschiedene kleine Entscheidungen über ihren Tagesablauf selbst zu treffen. Anderthalb Jahre später waren diese Menschen nicht nur fröhlicher, aktiver und munterer als eine Vergleichsgruppe in derselben Einrichtung, die diese Entscheidungsmöglichkeiten und Verantwortungen nicht bekommen hatte, sondern es waren auch mehr von ihnen noch am Leben. Tatsächlich waren weniger als halb so viele von den Entscheidungen treffenden, Pflanzen versorgenden Bewohnern gestorben wie in der anderen Gruppe.[1] Mit diesem Experiment und seinen überraschenden Ergebnissen begannen zehn Jahre der Erforschung dessen, was meine Kollegen und ich später als *Mindfulness* – Aktives Denken, Nachdenken, Achtsamkeit, Aufmerksamkeit, Aufgeschlossenheit oder geistige Offenheit – bezeichne-

---

1 Langer, E. und J. Rodin: «The Effects of Enhanced Personal Responsibility for the Aged: A Field Experiment in an Institutional Setting». *Journal of Personality and Social Psychology* 34 (1976): 191–198. – Rodin, J. und E. Langer: «Long-term Effects of a Control-Relevant Intervention Among the Institutionalized Aged». *Journal of Personality and Social Psychology* 35 (1977): 897–902.

ten, und ihres Gegenstücks, des ebenso mächtigen, aber destruktiven Zustands der *Mindlessness*, der Gedankenlosigkeit.[2]

Anders als die exotischen «Bewußtseinsveränderungen», über die wir so viel lesen, sind Aktives Denken und Gedankenlosigkeit so normal, daß die wenigsten Menschen ihre Bedeutung zu würdigen wissen oder ihren Einfluß nutzen, um ihr Leben zu verändern. Dieses Buch handelt von dem psychischen und dem physischen Preis, den wir für die allgegenwärtige Gedankenlosigkeit zahlen, und, was noch wichtiger ist, von den Vorteilen größerer Kontrolle, erweiterter Entscheidungsmöglichkeiten und von der Überwindung von Grenzen, die durch Aktives Denken ermöglicht werden.

Obwohl die Ergebnisse dieser Forschungsarbeit in einer Vielzahl wissenschaftlicher Artikel veröffentlicht worden sind, habe ich ihre Implikationen immer schon einem größeren Publikum zugänglich machen wollen. Die Vorteile des Aktiven Denkens scheinen mir zu groß, als daß die Forschungsergebnisse in den Archiven der Sozialpsychologie verborgen bleiben dürften. Jedesmal wenn mich ein Personalleiter oder ein Journalist um die Erlaubnis zum Abdruck eines meiner Zeitschriftenartikel bittet, wünschte ich, daß ich den Text durch eine Maschine für Schnellübersetzungen laufen lassen könnte, die den Fachjargon und die Statistiken tilgen und die darunterliegende praktische Bedeutung der Ergebnisse deutlich machen würde. Und wenn das vorliegende Buch auch alles andere als schnell geschrieben wurde, so ist es doch eine solche «Übersetzung» aus mehr als fünfzig Experimenten und der Versuch, ihre Implikationen über die Gren-

---

2 Im deutschen Text verwende ich der Übersichtlichkeit halber für *Mindfulness* und *mindful* «Aktives Denken» und «aktiv denken» etc. *Mindlessness* läßt sich problemlos mit «Gedankenlosigkeit» wiedergeben. (Anm. d. Übers.)

zen des Labors hinaus in der Literatur wie im täglichen Leben zu demonstrieren.

Was für eine ernste Gefahr die Gedankenlosigkeit darstellt, erlebte ich zum erstenmal, als ich noch zur Schule ging. Meine Großmutter beklagte sich bei ihren Ärzten, eine Schlange krieche ihr unter der Schädeldecke durch den Kopf und verursache Kopfschmerzen. Ihre Beschreibungen waren lebendig und bildhaft, nicht wörtlich zu nehmen. So drückte sie sich eben aus. Aber die jungen Ärzte, die sie behandelten, achteten kaum auf das, was diese sehr alte Dame aus einer anderen Kultur ihnen da erzählte. Sie diagnostizierten Senilität. Senilität kommt schließlich mit dem Alter und läßt die Leute Unsinn reden. Als sie immer verwirrter und unglücklicher wurde, empfahlen sie eine Elektrokrampfbehandlung («Elektroschocks») und überzeugten meine Mutter, daß sie ihre Zustimmung geben müsse.

Erst bei der Autopsie wurde der Hirntumor meiner Großmutter entdeckt. Ich teilte die Qualen und das Schuldgefühl mit meiner Mutter. Aber wer waren wir, die Kompetenz der Ärzte anzuzweifeln? Jahrelang mußte ich über die Reaktion der Ärzte auf die Klagen meiner Großmutter nachdenken und über unsere Reaktion auf die Ärzte. Sie bauten fachgerecht ihre Diagnose auf, waren aber nicht offen für das, was sie hörten. Ihre *Einstellungen* (*Mindsets*) zum Thema Senilität blockierten sie. Wir zweifelten ihre Kompetenz nicht an; unsere *Einstellungen* gegenüber Autorität und Kompetenz blockierten uns. Endlich erkannte ich im Verlauf meiner sozialpsychologischen Studien einige der Gründe für unsere Fehler, und das führte mich weiter zur Erforschung gedankenlosen Verhaltens.

Sozialpsychologen untersuchen im allgemeinen die Art und Weise, wie Verhalten vom Kontext beeinflußt wird. Bei Gedankenlosigkeit behandeln jedoch die Leute Informationen, als wären sie *kontextfrei* – wahr, unabhängig von Bedingungen. Nehmen Sie zum Beispiel die Aussage: Heroin ist gefährlich. Wie weit gilt das für einen unter unerträglichen Schmerzen sterbenden Menschen?

Als ich erst einmal auf die Gefahren der Gedankenlosigkeit aufmerksam geworden war und auf die Möglichkeit, eine überlegtere Haltung durch so scheinbar einfache Maßnahmen wie die in dem Altenheim-Experiment einzuführen, begann ich diesen Dualismus in vielen Zusammenhängen zu entdecken. Zum Beispiel bei den Vorfällen, die 1985 zum Absturz einer Maschine der Air Florida geführt haben, bei dem 74 Menschen ums Leben kamen. Es war ein Routineflug von Washington nach Florida mit einem erfahrenen Team an Bord. Pilot und Kopilot waren in erstklassiger körperlicher Verfassung. Keiner von beiden war müde, überanstrengt oder hatte etwas eingenommen. Was war also schiefgegangen? Umfangreiche Untersuchungen engten den Verdacht auf die Funktionskontrollen vor dem Start ein. Während der Kopilot jede der Funktionen nach einer Liste ansagt, versichert sich der Pilot, daß die Schalter jeweils so stehen, wie er sie haben will. Dazu gehört auch ein Vereisungsschutz. An diesem Tag gingen Pilot und Kopilot die Funktionen durch, wie sie es immer getan hatten. Sie gingen ganz gewohnheitsmäßig vor und hakten wie immer «Aus» ab, als der Enteiser drankam. Aber diesmal war der Flug anders, als sie es gewohnt waren. Diesmal flogen sie nicht wie gewöhnlich in warmem, südlichem Wetter. Draußen war es eiskalt.

Als er wie gewöhnlich seine Funktionskontrollen eine nach der anderen durchführte, sah es so aus, als wäre der Pilot mit den Gedanken dabei, obwohl das nicht der Fall war.[3] Diese Routinekontrollen von Pilot und Kopilot vor dem Start ha-

---

3 Gersick, C. und J. R. Hackman: «Habitual Routines in Task-Performing Groups». *Organizational Behavior and Human Decision Processes* (im Druck).

ben viel mit den ermüdenden Sicherheitsvorführungen der Flugbegleiter vor erfahrenen, glasig blickenden Fluggästen gemein. Wenn wir blind nach Routine verfahren oder ohne nachzudenken sinnlose Anweisungen ausführen, handeln wir wie Automaten mit möglicherweise ernsten Konsequenzen für uns und andere.

Allerdings gestatten wir uns nicht alle, gedankenlos zu werden. Manche Konzertpianisten memorieren ihre Stücke auch fern von der Tastatur; sie wollen vermeiden, daß ihre Finger die Noten «wissen», sie selbst aber nicht. Im Grunde erhalten sich diese Kenner das Aktive Denken für ihre Konzerte. Ohne Klaviatur können sie sich ihrer Leistung nie ganz sicher sein.

In den folgenden Kapiteln möchte ich deutlich machen, wie und warum sich Gedankenlosigkeit entwickelt, möchte zeigen, wie wir auf den verschiedensten Lebensgebieten aktiver denken lernen und uns besser in der Gegenwart orientieren können. In Kapitel 2 wird das Wesen der Gedankenlosigkeit erforscht und ihre Beziehung zu verwandten Begriffen wie Gewohnheit und Unbewußtes. Kapitel 3 untersucht die Gründe für die Gedankenlosigkeit einschließlich der entscheidenden Rolle des Kontexts und der Art unserer frühen Erziehung. Ein Überblick über die Kosten der Gedankenlosigkeit, über die Beschränkung, die sie unseren Fähigkeiten auferlegt, und über Erwartungen und Möglichkeiten folgt in Kapitel 4. In Kapitel 5 erörtere ich das Wesen des Aktiven Denkens und zeige die Unterschiede zu verwandten Begriffen in der östlichen Philosophie. Kapitel 6 bis 10 zeigen die Anwendung der *Mindfulness*-Forschung in fünf wichtigen Gebieten des täglichen Lebens: Altwerden, Kreativität, Berufsarbeit, Vorurteile, Gesundheit.

Die Teile meiner Forschung, mit denen ich mich besonders gern beschäftigt habe, darunter Unsicherheit bei Führungskräften in der Arbeitssituation und die Verknüpfung von Gedankenlosigkeit mit der alten Falle des Leib-Seele-Dualismus, werden in den entsprechenden Kapiteln über Arbeit und Gesundheit behandelt, also Kapitel 8 bzw. 10. Wie so vieles in diesem Buch haben sie jedoch auch für andere Gebiete Bedeutung. Mir geht es wie Ivan Illich, als er erklärte, warum er Verschulung, Verkehr, industrielle Lohnarbeit und die Medikalisierung für seine Kritik an Technisierung und Enteignung heranzog: ich könnte genausogut über das Postwesen geschrieben haben (oder auch über Politik).[4]

Da das Festhalten an starren Regeln und Aktives Denken per definitionem unvereinbar sind, werden in diesem Buch keine Gebrauchsanweisungen gegeben. Viele, die das Manuskript in einer früheren Fassung gelesen haben oder in der Forschung mit mir zusammenarbeiteten, haben wie ich festgestellt, daß das Nachdenken über Aktives Denken und Gedankenlosigkeit ihre Lebenseinstellung verändert hat. Manche haben es fortan leichter gefunden, etwas zu riskieren und sich über eine Veränderung zu freuen, oder sie fürchteten Fehlschläge nicht mehr so sehr; andere wurden Herr der Lage, wo sie früher hilflos gewesen, oder sie fühlten sich frei, wo sie früher eingeengt gewesen waren. Ich hoffe, daß die Leser Spaß daran haben, wenn sie Einblicke in unsere Forschung nehmen können, daß sie die Schlüsse aktiv denkend in Frage stellen und die Folgerungen in ihrem eigenen Leben testen.

4 Illich, I.: «Die Enteignung der Gesundheit», deutsch von Nils Thomas Lindquist. Reinbek 1975.

I
Gedankenlosigkeit
Mindlessness

Kapitel 2
Ein Stück Holz wird gewünscht

«Aus der Zeit schneiden wir uns ‹Tage› und ‹Nächte›, ‹Sommer› und ‹Winter› heraus. Wir sagen, *was* jedes Teil des wahrnehmbaren Kontinuums ist, und jedes abstrakte *Was* ist ein Begriff.

Das intellektuelle Leben des Menschen besteht fast ganz darin, daß er ein konzeptuelles (begriffliches) System einsetzt anstelle des perzeptionellen (wahrnehmenden) Systems, aus dem seine Erfahrung ursprünglich stammt.»

William James, *The World We Live In*

Stellen Sie sich vor, es ist zwei Uhr nachts. Plötzlich schrillt die Haustürklingel. Sie stehen erschrocken auf und gehen nach unten. Sie öffnen die Tür, und vor Ihnen steht ein Mann. Er trägt zwei Diamantringe, hat einen Mantel mit Pelzkragen an, und hinter ihm steht ein Rolls-Royce. Er bittet um Entschuldigung, daß er Sie zu einer so unmöglichen Zeit geweckt hat, aber er steckt mitten in einer «Scavengerjagd» [5], wie er sagt. Seine Exfrau nimmt ebenfalls teil, deshalb ist es für ihn besonders wichtig, daß er gewinnt. Er braucht ein Stück Holz von ungefähr einem mal zwei Meter. Ob Sie ihm helfen können? Damit es sich für Sie lohnt, will er Ihnen zehntausend Dollar geben. Sie glauben ihm das. Er ist offensichtlich reich. Und Sie fragen sich: Wie um alles in der Welt kann ich ihm so ein Stück Holz beschaffen? Ihnen fällt der

---

5 *Scavenger hunt:* ein Spiel, bei dem einzelne oder Mannschaften losgeschickt werden mit dem Auftrag, eine Reihe von gewöhnlichen oder ausgefallenen oder komischen Gegenständen zu besorgen, aber nicht zu kaufen. Gewinner ist derjenige (oder das Team), der als erster mit allen gewünschten Gegenständen zurück ist.

Heimwerkermarkt ein; leider wissen Sie nicht, wie der genau heißt; übrigens wissen Sie auch nicht genau, wo der eigentlich liegt. Jetzt, mitten in der Nacht, ist er bestimmt auch geschlossen. Sie mögen sich noch so anstrengen, Ihnen fällt nichts Brauchbares ein. Und bedauernd sagen Sie: «Tut mir leid, ehrlich...»

Am nächsten Tag kommen Sie auf dem Weg zu Freunden an einer Baustelle vorbei und entdecken ein Stück Holz in genau den richtigen Maßen, ein Meter mal zwei Meter – eine Tür! Sie hätten nur ein Türblatt auszuhängen und ihm zu geben brauchen – für 10000 Dollar!

Wieso eigentlich ist mir das heute nacht nicht eingefallen, fragen Sie sich. Es ist Ihnen nicht eingefallen, weil Ihre Tür gestern nicht «ein Stück Holz» war. Dieses ein mal zwei Meter große Stück Holz war vor Ihnen verborgen in einer Kategorie mit Namen «Tür».

Diese Art Gedankenlosigkeit, die meistens in langweiligerem Gewand auftritt – «Warum hab ich nicht an Susan gedacht? Die kann doch Abflüsse reinigen!» – kann man unter «Gefangensein in Kategoriendenken» einordnen. Das ist die erste von drei Definitionen, die uns das Wesen der Gedankenlosigkeit verständlich machen. Die anderen beiden werden wir auch erklären; es sind mechanische oder automatische Reaktionen und das Handeln unter einer einzigen Perspektive.

Gefangen im Kategoriendenken

Wir erfahren die Welt, indem wir Kategorien schaffen und Unterscheidungen treffen. «Dies ist eine chinesische und keine japanische Vase.» – «Nein, er ist noch Schüler.» – «Das Knabenkraut steht unter Naturschutz.» – «Sie ist jetzt seine Vorgesetzte.» Auf diese Weise machen wir uns ein Bild von der Welt und von uns selbst. Ohne Kategorien würden wir die Welt nicht begreifen können. Tibetische Buddhisten nennen diese Denkgewohnheit den «Herrn der Sprache»: «Wir benutzen Gruppen von Kategorien, die als Handhabe dienen, um Phänomene zu meistern. Die vollkommensten Produkte dieses Bestrebens sind Ideologien, Systeme von Ideen, die unser Leben rationalisieren, rechtfertigen und gutheißen. Nationalismus, Kommunismus, Existentialismus, Christentum, Buddhismus – sie alle versehen uns mit Identitäten, Gesetzen des Handelns und Deutungen, wie und warum Dinge so geschehen, wie es der Fall ist.»[6]

Die Bildung neuer Kategorien ist, wie wir in diesem Buch immer wieder sehen werden, eine Tätigkeit des Aktiven Denkens. Gedankenlosigkeit setzt ein, wenn wir uns zu starr auf Kategorien und Unterscheidungen verlassen, die aus der Vergangenheit stammen (männlich/weiblich, alt/jung, Erfolg/Versagen). Wenn Unterscheidungen einmal gemacht worden sind, gewinnen sie ein Eigenleben. Zum Beispiel: 1. Zuerst gab es die Erde. 2. Dann gab es Land, Meer und Himmel. 3. Dann gab es Länder. 4. Dann gab es ein Deutschland. 5. Dann gab es ein Deutschland-Ost gegenüber einem Deutschland-West... Die Kategorien, die wir bilden, gewinnen an Stoßkraft und sind nur schwer abzubauen. Wir entwickeln eigene und gemeinsame Wirklichkeiten und werden dann

6 Trungpa, Tschögyam: «Spiritueller Materialismus», deutsch von Guenther Thaer. Freiburg 1975.

ihre Opfer – blind gegenüber der Tatsache, daß sie bloß Konstrukte sind, Ideen. Wenn wir die Kategorien eines früheren Zeitalters betrachten, die einst durchaus Gültigkeit hatten, erkennen wir leichter, warum neue notwendig werden können. Der argentinische Schriftsteller Jorge Luis Borges zitiert aus einer alten chinesischen Enzyklopädie, in der Tiere folgendermaßen klassifiziert sind: «a) dem Kaiser gehörend, b) einbalsamiert, c) gezähmt, d) säugende Ferkel, e) Sirenen, g) streunende Hunde, h) in die geltende Klassifizierung eingeschlossen, i) rasend, j) unzählbar, k) mit einem sehr feinen Kamelhaarpinsel gezeichnet, l) Sonstige, m) die gerade den Wasserkrug zerbrochen haben, n) die aus großer Entfernung wie Fliegen aussehen.»[7] Gedankenlos sein heißt, in einer starren Welt gefangen sein, in der manche Geschöpfe immer dem Kaiser gehören, Christentum immer gut ist, manche Leute immer Unberührbare bleiben und Türen nur Türen sind.

Mechanisches Verhalten

Haben Sie jemals in einem Laden «Verzeihung» zu einer Ankleidepuppe gesagt oder im Januar einen Scheck mit dem Datum des Vorjahres ausgestellt? Wenn wir das tun, nehmen wir nur beschränkt Signale von der Außenwelt auf (die weibliche Form, das vertraute Aussehen des Schecks); wir benutzen sie, ohne andere Signale (die unbewegte Pose, einen Kalender) ebenfalls zuzulassen.

---

7 «T'ai-p'ing Kuang-tschi» (Erweiterte Aufzeichnungen aus der Regierungsperiode T'ai-p'ing. AD 978). Amerikanisch zitiert nach: Borges, J. L.: «Libro de Los Seres Imaginarios», Buenos Aires 1967. – In der deutschen Ausgabe «Einhorn, Sphinx und Salamander» wird zwar auf dieses chinesische Werk hingewiesen, aber das Zitat ist darin nicht enthalten. (Anm. d. Übers.)

Einmal reichte ich in einem kleinen Kaufhaus der Kassiererin eine neue Kreditkarte. Sie bemerkte, daß ich sie noch nicht unterschrieben hatte, und gab sie mir zurück, damit ich das nachholte. Dann nahm sie meine Karte, ließ sie durch ihre Maschine laufen, reichte mir das ausgedruckte Formular und bat mich, es zu unterschreiben. Ich tat es. Jetzt hielt die Kassiererin das Formular neben die eben erst unterschriebene Kreditkarte, um die Unterschriften zu vergleichen.

Die neuere Psychologie hat der Frage, wieviel bei einer komplizierten Verrichtung mechanisch geschieht, noch nicht viel Aufmerksamkeit gewidmet; dabei haben schon 1896 Leon Solomons und Gertrude Stein sich mit dem Problem beschäftigt. (Es war *die* Gertrude Stein; sie studierte von 1893 bis 1898 an der Harvard University Experimentelle Psychologie und arbeitete unter William James.) Sie untersuchten, was damals «Doppelte Persönlichkeiten» (*Double personalities*) und später «Gespaltene Persönlichkeiten» (*Split personalities*) genannt wurde. Nach ihrer Theorie ähnelte das gedankenlose Handeln der zweiten Persönlichkeit im wesentlichen dem der normalen Menschen. Auch normale Menschen sind zu einem großen Teil mit komplizierten Vorgängen beschäftigt, ohne ihnen bewußte Aufmerksamkeit zu widmen. Solomons und Stein führten mehrere Experimente durch, bei denen sie selbst die Versuchspersonen waren, und demonstrierten, daß man sowohl mechanisch schreiben als auch mechanisch lesen kann. Es gelang ihnen, englische Wörter zu schreiben, während sie im übrigen vom Lesen einer spannenden Geschichte gefesselt waren. Mit viel Übung konnten sie sogar mechanisch Diktate aufnehmen, während sie lasen. Hinterher waren sie nicht in der Lage, sich zu erinnern, welche Wörter sie geschrieben hatten, waren aber ganz sicher, daß sie etwas geschrieben hatten. Um zu zeigen, daß man mechanisch lesen kann, las die Versuchsperson laut aus einem Buch vor, während ihr selbst eine spannende Ge-

schichte vorgelesen wurde. Abermals stellten sie fest, daß sie
bei viel Übung fließend laut lesen konnten, während sie ihre
Aufmerksamkeit ganz der ihnen vorgelesenen Geschichte
widmeten.

Solomons und Stein schlossen daraus, daß eine große Anzahl von Verrichtungen, die wir für geistige Leistungen halten, wie Lesen und Schreiben, mechanisch erledigt werden
können: «Wir haben eine allgemeine Tendenz bei normalen
Menschen aufgezeigt, ohne ausdrücklichen Wunsch oder bewußtes Wollen zu handeln, auf eine Art und Weise, die in
allgemeiner Übereinstimmung mit den *früheren Gewohnheiten* einer Person steht.»[8]

Ein Experiment, das ich 1978 zusammen mit meinen Kollegen Benzion Chanowitz und Arthur Blank durchführte,
sollte diese Art Gedankenlosigkeit erforschen.[9] Es fand im
Graduate Center der City University of New York statt. Wir
sprachen Leute an, die an einem Fotokopierer arbeiteten, und
baten sie, uns gleich etwas kopieren zu lassen. Wir gaben entweder einen vernünftigen oder einen sinnlosen Grund an. Die
gleichen Reaktionen auf vernünftige und sinnlose Begrün-
dungen würden beweisen, daß unsere Versuchspersonen
nicht über das nachdachten, was gesagt wurde. Wir gaben
eine von drei Formulierungen: «Entschuldigung, kann ich
den Kopierer mal eben benutzen?» – «Entschuldigung, kann
ich den Kopierer mal eben benutzen, weil ich ein paar Fotokopien machen muß?» – «Entschuldigung, kann ich den Kopierer mal eben benutzen, weil ich es eilig habe?»

8 Solomons, L. und G. Stein: «Normal Motor Automation.» *Psychological Review* 36 (1896): 492–572.

9 Langer, E., A. Blank und B. Chanowitz: «The Mindlessness of Os-
tensibly Thoughtful Action: The Role of Placebic Information in Inter-
personal Interaction», *Journal of Personality and Social Psychology* 36
(1978): 635–642.

Die erste und die zweite Formulierung sind *inhaltlich* gleich – was sonst will man auf einem Kopierer, als Fotokopien machen? Wenn also die Leute bedenken würden, was tatsächlich gesagt wurde, müßten die beiden ersten Formulierungen gleich erfolgreich sein. Von der Form her sind die beiden jedoch verschieden. Die redundante Formulierung («Entschuldigung, kann ich den Kopierer mal eben benutzen, weil ich ein paar Fotokopien machen muß») ist der letzten Formulierung insofern ähnlicher («Entschuldigung, kann ich den Kopierer mal eben benutzen, weil ich es eilig habe»), als beide neben der Bitte einen Grund angeben. Wenn die Leute den letzten beiden Bitten in gleicher Anzahl nachkommen, bedeutet das, daß sie der Struktur mehr Aufmerksamkeit widmen als dem Inhalt. Und das war genau das, was wir herausbekamen. Die Bereitwilligkeit war größer, wenn ein Grund angegeben wurde – egal, ob er sinnvoll oder töricht klang. Die Leute reagierten gedankenlos auf den vertrauten Rahmen, statt sich um den Inhalt zu kümmern.

Natürlich gibt es für so etwas Grenzen. Wenn jemand eine sehr große Bitte äußerte, oder wenn die Erklärung besonders absurd wäre («weil ein Elefant hinter mir her ist»), würde der einzelne wahrscheinlich bedenken, was gesagt wurde. Es ist nicht so, als ob die Leute den Rest der Bitte sonst gar nicht hörten, sie denken einfach nicht aktiv darüber nach.

Bei einem ähnlichen Experiment schickten wir eine Hausmitteilung an verschiedene Büros innerhalb der Universität. Der Text erbat oder aber forderte die Rücksendung der Hausmitteilung an einen bestimmten Raum – und mehr stand nicht darauf.[10] («Bitte schicken Sie diese Hausmitteilung umgehend zurück in Zimmer 247»; oder «Diese Hausmitteilung muß an Zimmer 247 zurückgeschickt werden».) Jeder der so eine Hausmitteilung aktiv denkend zur Kenntnis

10 Langer, a. a. O.

nahm, würde sich fragen: «Wenn der Absender dieser Hausmitteilung sie haben wollte, warum hat er sie uns dann geschickt?» und sie *nicht* zurückschicken. Die eine Hälfte der
Hausmitteilungen sah genauso aus wie die, die normalerweise
zwischen den Abteilungen hin- und hergingen. Die andere
Hälfte war so angelegt, daß sie auf irgendeine Weise anders
aussahen. Bei den Hausmitteilungen, die genauso aussahen
wie die gewöhnlichen Hausmitteilungen, schickten 90 Prozent der Empfänger sie zurück. Bei den anders aussehenden
Hausmitteilungen schickten 60 Prozent sie zurück.

Als ich diese Untersuchung bei einem Kolloquium an der
Universität erörterte, erzählte mir einer der Zuhörer von
einem kleinen Schwindel, der mit ähnlichen Mitteln arbeitete.
Jemand hatte in einer Zeitung in Los Angeles eine Anzeige
aufgegeben: «Es ist noch nicht zu spät! Schicken Sie 1,– Dollar
an...» und dazu den eigenen Namen und die Adresse angegeben. Den Lesern wurde keine Gegenleistung versprochen.
Viele Leute schickten einen Dollar. Derjenige, der die Anzeige
aufgegeben hatte, soll ein hübsches Sümmchen eingenommen
haben.

Das mechanische Verhalten, das sich in diesen Beispielen
zeigt, hat vieles mit Gewohnheit gemein.[11] Gewohnheit oder
der Hang, ein Verhalten beizubehalten, das im Lauf der Zeit
schon oft wiederholt worden ist, schließt natürlich Gedankenlosigkeit ein. Wie wir jedoch im folgenden Kapitel sehen werden, kann gedankenloses Verhalten auch ohne lange Geschichte von Wiederholungen auftreten, ja sogar fast spontan.

---

11 Zum näheren Verständnis der komplexeren Beziehung zwischen
mechanischer Informationsverarbeitung und Gedankenlosigkeit vergleiche: Langer, E.: «Minding Matters», in: Berkowitz, L.: «Advances
in Experimental Social Psychology» (New York 1989, im Druck) sowie
Schneider, W. und R. M. Schiffrin: «Controlled and Automatic Human
Information Processing: I. Detection, Search and Attention», *Psychological Review* 84 (1977): 1–66.

Handeln unter einer einzigen Perspektive

Wie oft im Leben handeln wir, als gäbe es nur einen einzigen Satz von Regeln. Beim Kochen zum Beispiel sind wir geneigt, ein Rezept pingelig zu befolgen. Wir geben die Zutaten hinein wie nach einer amtlichen Verordnung. Wenn eine Prise Salz verlangt wird, und es fallen vier Prisen hinein. geraten wir in Panik, als ob die Schüssel gleich explodieren könnte. Wenn wir ein Rezept als Regel, als Vorschrift betrachten, vergessen wir, daß die Geschmäcker verschieden sind oder daß es Spaß machen könnte, ein neues Gericht zu entwickeln.

Mit dem ersten Experiment, das ich in der Universität leitete, sollte das Problem der einzigen Perspektive untersucht werden. Es war eine Pilotstudie über die Wirksamkeit verschiedener Bitten um Hilfe. Eine Mitforscherin stand auf einem belebten Gehweg und teilte Vorbeikommenden mit, sie habe sich das Knie verrenkt und brauche Hilfe. Wenn jemand stehenblieb, bat sie ihn oder sie, ihr aus der nahe gelegenen Apotheke eine *Ace bandage*[12] zu besorgen. Ich stand in der Apotheke und hörte zu, wie die hilfsbereite Person die Bitte an den Apotheker weitergab, der sich zuvor bereit erklärt hatte zu sagen, die *Ace bandages* seien ihm ausgegangen. Als sie das hörten, dachte nicht eine der fünfundzwanzig von uns beobachteten Personen daran, den Apotheker zu fragen, ob er etwas anderes empfehlen könne. Die Leute verließen die Apotheke und kehrten mit leeren Händen zu dem «Opfer» — meiner Kollegin — zurück. Wir nahmen dabei an, daß sie, wenn sie weniger präzise um Hilfe gebeten hätte, diese auch bekommen hätte. Aber fixiert auf diesen einzigen Gedanken, ein verrenktes Knie müsse mit einer *Ace bandage* versorgt werden, versuchte niemand, eine andere Art Hilfe zu finden.

---

12 *Ace bandage:* in den USA gebräuchliche Bezeichnung für einen Kompressionsverband; hier eine sog. «Kniekappe». (Anm. d. Übers.)

Hier ist ein kleiner Test, der zeigt, wie eine enge Perspektive unser Denken beherrschen kann. Lesen Sie den folgenden Satz:

FRISCHER FISCH GEHÖRT FÜR DIE GESUNDE ERNÄHRUNG SO OFT WIE MÖGLICH AUF DEN TISCH JEDER FAMILIE, GENAUSO OFT WIE ÄPFEL ODER FRISCHER SALAT.

Zählen Sie jetzt, wie viele « F » in dem Satz sind, indem Sie ihn nur noch einmal lesen.

Wenn Sie weniger Fs gefunden haben, als darin enthalten sind (die richtige Antwort finden sie in der Fußnote[13]), dann haben Sie sich beim Zählen vermutlich von der Tatsache beeinflussen lassen, daß die ersten beiden Wörter in dem Satz mit F beginnen. Beim Zählen klammert sich Ihr Denken an diesen Anhaltspunkt, diesen einzigen Blickwinkel, und übersieht ein paar von den Fs, die in den Wörtern oder an ihrem Ende versteckt sind.

Sehr präzise Anweisungen wie diese oder wie die Bitte um eine *Ace bandage* fördern die Gedankenlosigkeit. Wenn wir sie erst mal zugelassen haben, klappt unser Denken zu wie eine Muschel, die auf Eis gelegt wird, und läßt keine neuen Informationen an sich heran. Im nächsten Kapitel werden wir uns ein paar von den Gründen ansehen, die uns in dieser starren, abgeschlossenen Geisteshaltung steckenbleiben lassen.

13 Die richtige Antwort lautet 9.

Kapitel 3
Die Wurzeln der Gedankenlosigkeit

«Wir wissen, es ist der erste Schritt zur intellektuellen Bewältigung der Umwelt, in der wir leben, daß wir Allgemeinheiten, Regeln, Gesetze herausfinden, die Ordnung in das Chaos bringen. Durch diese Arbeit vereinfachen wir die Welt der Phänomene, können aber nicht umhin, sie auch zu verfälschen, besonders, wenn es sich um Vorgänge von Entwicklung und Umwandlung handelt.»

Sigmund Freud,
Die endliche und die unendliche Analyse [14]

Freud macht deutlich, daß die Regeln und Gesetze, mit denen wir die Welt zuerst zu verstehen suchen, später zu einer verfälschten Betrachtungsweise führen. Trotzdem sind wir geneigt, uns in gedankenloser Weise an diese Regeln und die aus ihnen abgeleiteten Kategorien zu klammern. Zu den Gründen dafür gehören Wiederholung, Gewöhnung und ein subtilerer, mächtigerer Effekt, den die Psychologen *Premature cognitive commitment*, «verfrühte kognitive Festlegung», nennen. Wir werden in diesem Kapitel jeden dieser Vorgänge untersuchen, ebenso einige der Einstellungen (*Mindsets*), die zu ihrem Fortbestehen beitragen.

---

14 Freud, Sigmund: Die endliche und die unendliche Analyse. Gesammelte Werke XVI, Frankfurt/M. 1950, S. 72.

Der gedankenlose «Experte»

Jeder der beim Fernsehen stricken oder beim Autofahren Radio hören kann, weiß, wie Gelerntes aus dem Bewußtsein verschwindet. Wenn wir eine Aufgabe wieder und wieder erledigen und jedesmal besser, entgleiten die einzelnen Teile der Lösung unserem Bewußtsein. Irgendwann wird uns klar, daß wir die Aufgabe lösen *können*, obwohl wir nicht *wissen*, wie wir es machen. Wenn wir den Vorgang in Frage stellen, können wir sogar zu höchst überraschenden Ergebnissen kommen. Wenn etwas oder jemand uns unsere Kompetenz bezweifeln läßt bei einer Aufgabe, die wir ganz gut beherrschen, aber nicht auf diese Weise übertrainiert haben, können wir unseren Verstand nach den Schritten zu ihrer Lösung absuchen und sie finden. Wir können daraus schließen, daß wir *nicht* inkompetent sind. Wenn wir jedoch eine Aufgabe so gut beherrschen, daß wir sie «zunftmäßig» (gedankenlos) erledigen, stehen diese Schritte dem Bewußtsein vielleicht nicht mehr zur Verfügung, und wir sollten Zweifel haben an unserer Kompetenz.

In meinem Büro gab es einmal einen sehr schnellen Maschineschreiber – tatsächlich höllisch schnell! –, der außerdem das Getippte lesen und behalten konnte. Er hatte diese höheren Fertigkeiten im Laufe der Zeit entwickelt. Eines Tages fragte ich ihn, während er munter vor sich hin tippte, ob er mir diese Fertigkeit auch beibringen könne. Während er seine Fähigkeiten im einzelnen auseinanderzunehmen begann, wurden seine schnellen Finger langsam, und sein Gedächtnis für das, was und wie er tippte, ebenfalls. Die Bewußtmachung und das Aktive Denken beeinträchtigten ihn.

Um festzustellen, ob diese Art von Gedankenlosigkeit ein Grundbestandteil auch bei anderen Verhaltensweisen ist, führten meine Kollegin Cynthia Weinman und ich ein Experiment zum Sprechen aus dem Stegreif durch.[15] Wir baten Leute, die in Boston in einer Schlange von Arbeitslosen anstanden, als Versuchspersonen bei einer «linguistischen Untersuchung von Stimmqualitäten» mitzuwirken. (In dieser Stadt ist niemand vor unseren Einfällen sicher!) Diejenigen, die dazu bereit waren, wurden gebeten, in unser Tonbandgerät zu sprechen. Die eine Hälfte sollte darüber sprechen, warum es so schwierig wäre, in Boston eine Arbeit zu bekommen. Die andere Hälfte sollte darüber sprechen, wie es wäre, eine Arbeit in Alaska zu bekommen – eine Frage, über die sie vermutlich noch kaum nachgedacht hatten. Jeweils die Hälfte beider Gruppen wurde gebeten, zunächst über das ihnen gestellte Thema nachzudenken. Die Ergebnisse waren eindeutig. Die Versuchspersonen äußerten sich viel flüssiger, wenn sie ein neues Thema nach einer Zeit des Nachdenkens behandelten *oder* wenn sie über ein vertrautes Thema sofort sprachen, ohne Zeit, vorher darüber nachzudenken. Über ein sehr vertrautes Thema nachzudenken beeinträchtigte ihre Leistung.

Wiederholung kann in fast jedem Beruf zur Gedankenlosigkeit führen. Wenn Sie eine erfahrene Maschineschreiberin und einen Neuling auf dem Gebiet auffordern, einen Absatz ohne Zwischenräume zwischen den Wörtern zu tippen, «alsoohnesiezutrennen», ist wahrscheinlich die Person mit weniger Erfahrung im Vorteil. Wenn irgendeine schon oft wiederholte Aufgabe zum Ungewöhnlichen hin verändert wird, wird der Neuling erfolgreicher sein.

Eine vertraute Struktur oder ein Rhythmus verführen auch oft zur geistigen Trägheit, weil sie signalisieren, daß Aufmerksamkeit nicht vonnöten sei. Der Rhythmus der Vertrautheit schläfert uns ein zur Gedankenlosigkeit:

15 Langer, E. und C. Weinman: «When Thinking Disrupts Intellectual Performance: Mindlessness on an Overlearned Task.» *Personality and Social Psychology Bulletin* 7 (1981): 240–243.

F.: Wie heißt die Frau des Katers?

A.: Katze.

F.: Wie heißt die gepolsterte Unterlage in deinem Bett?

A.: Matratze.

F.: Wie heißt das Gesicht, das du vor dem Spiegel ziehst?

A.: Fratze.

F.: Wie heißt ein Kopf voller Haare?

A.: Glatze. (sic)[16]

Kinder lieben diese sprachlichen Fallen für Gedankenlosigkeit. Das Spiel mit dem Namen «Giant Step» oder «Mother May I» beruht auf ähnlichen Fallgruben durch Wiederholung.

Der frevlerische Pudel

Eine andere Form der Gedankenlosigkeit zeigen wir, wenn wir eine Einstellung (Mindset) ausbilden in dem Augenblick, wo wir einem Phänomen das erste Mal begegnen, und uns dann daran klammern, wenn wir abermals auf diese Sache treffen. Da sich solche festen Einstellungen (Mindsets) ausbilden, bevor wir richtig nachgedacht haben, nennen wir sie Premature cognitive commitments − «verfrühte kognitive Festlegungen». Wenn wir einen Eindruck oder eine Information einfach gelten lassen und keinen Grund haben, kritisch darüber nachzudenken, weil sie vielleicht irrelevant scheinen, setzt sich dieser Eindruck unauffällig in unserem Denken fest, bis ein ähnliches Signal aus der Außenwelt − ein Anblick oder ein Geruch oder ein Laut − ihn wieder aufruft. Beim zweiten-

16 Kimble, G. A. und L. Perlmuter: The Problem of Volition», Psychological Review 77 (1981): 240−243. − Im Original wird nach Eiche (Oak), Witz (Joke), Froschquaken (Croak) und schließlich nach dem Eiweiß gefragt, und die Antwort, die dann kommt, heißt «Yolk» − Eigelb. (Anm. d. Übers.)

mal ist er vielleicht nicht mehr irrelevant; trotzdem überdenken wir meistens nicht, was wir zuvor gedankenlos haben gelten lassen. Solche frühen Einstellungen, besonders die in der Kindheit ausgebildeten, sind «verfrüht» (*premature*), weil wir die möglichen späteren Anwendungen, zu denen eine Information dienen kann, nicht kennen können. Das gedankenlose Individuum ist festgelegt (*committed*) auf eine vorher bestimmte Anwendung der Information, und andere Möglichkeiten der Anwendung werden nicht erforscht.

Feuchten Sie Ihren Mund mit Ihrem Speichel an – die Rückseite der Zähne, die Zungenspitze und so weiter. Es dürfte ein angenehmes Gefühl sein. Spucken Sie jetzt Speichel in ein sauberes Glas. Und jetzt nehmen Sie ein bißchen davon wieder in den Mund. Ekelhaft, nicht wahr? Warum aber? Wir haben aus verschiedenen Gründen vor Jahren gelernt, daß Spucken widerlich ist. Obwohl es keinen vernünftigen Grund für den Körper gibt, sich abgestoßen zu fühlen, setzt sich die alte Einstellung durch.

Ein extremes Beispiel für diese frühen Einstellungen lieferte mir eine Freundin, die in einem kleinen, überwiegend polnisch-katholischen Ort mit Stahl- und Kohleindustrie aufgewachsen war. Da sie dort zu den wenigen nicht katholischen Gliedern der Gesellschaft gehörte, hatte sie die Möglichkeit, beziehungsweise war sie mehr oder weniger gezwungen, außerhalb zu stehen und die Eigenheiten der Gemeinschaft zu beobachten. Ein jedem im Ort vertrauter Anblick war der Priester; meistens war er in Begleitung seines schönen grauen Pudels. Dieser große Hund war gut erzogen, und oft sah man ihn eine Zeitung oder den Schirm des Priesters im Maul tragen. Eines Sonntags nun spazierte der Geistliche auf dem Rückweg von der Messe vor sich hin und freute sich an der Landschaft. Sein Hund lief neben ihm, ebenso zufrieden und heiter, und trug das Gebetbuch in der Schnauze wie sonst, an Wochentagen, die Zeitung. Der Hund war ein sanftes Tier und beschädigte das Buch nicht. Aber die Nonnen, die den Priester und seinen Pudel sahen, tadelten ihn heftig. In ihren Augen war eine Hundeschnauze unrein, und das Gebetbuch wurde entweiht. Trotz der Frömmigkeit des Priesters und seines guten Rufes und trotz der Gutartigkeit des Pudels – für die Nonnen war das nichts anderes als: Gott der Herr im Maul eines Köters.

Benzion Chanowitz und ich entdeckten eine Möglichkeit, die Wirkung der verfrühten kognitiven Festlegung zu testen.[17] Für dieses Experiment dachten wir uns eine «Krankheit» aus, eine Wahrnehmungsstörung, die wir Chromosynthose nannten. Chromosynthose sollte eine Hörbehinderung sein, bei der die Betroffenen Schwierigkeiten haben, zwischen einzelnen Lauten zu unterscheiden. Die Teilnehmer an dieser Untersuchung bekamen mitgeteilt, man würde sie testen, um festzustellen, ob sie diese Störung hätten. Sie bekamen eine Broschüre, in der die Symptome der Chromosynthose beschrieben waren. Die Störung, so hieß es da, sei so etwas wie Farbenblindheit insofern, als man sie haben könne, ohne es zu wissen. Das Ziel der Untersuchung war herauszufinden, ob die Leute, wenn sie von dieser imaginären Störung erfuhren, ohne aktiv darüber nachzudenken, eine Vorstellung entwickeln würden, die ihre Leistung bei einer gestellten Aufgabe beeinflußte.

Wir gaben nicht allen Teilnehmern den gleichen Text. In einem Teil der Broschüren stand, daß 80 Prozent der Bevölkerung unter der Störung litten; das hieß, daß sie selbst sie mit einiger Wahrscheinlichkeit hätten. Diesen Personen dürften die Informationen in der Broschüre relevant erschienen sein. Wir forderten sie auf zu überlegen, wie sie sich helfen könnten, wenn sich herausstellte, daß sie unter Chromosynthose

17 Chanowitz, B. und E. Langer: «Premature Cognitive Commitment», *Journal of Personality and Social Psychology* 41 (1981): 1051–1063.

litten. In den Broschüren einer anderen Gruppe stand, daß nur 10 Prozent der Bevölkerung diese Störung hätten; das hieß, daß sie sie wahrscheinlich nicht hätten. Diese Leute wurden nicht aufgefordert, sich zu überlegen, wie sie mit dem Problem fertig werden wollten, und es schien für sie keinen triftigen Grund zu geben, längere Zeit darüber nachzudenken.[18]

Alle Versuchspersonen mußten sich dann zwei 30-Sekunden-Aufnahmen einer normalen Unterhaltung anhören und die Zahl der a-Laute notieren, die sie hörten. Bei der Auswertung ihrer eigenen Resultate entdeckten alle Teilnehmer, daß sie Chromosynthose hätten. Dann gaben wir ihnen Folgeaufgaben, die Fähigkeiten erforderten, von denen es in den Broschüren geheißen hatte, daß Menschen mit der Störung sie nicht besäßen.

Wir stellten fest, daß die Versuchspersonen mit Informationen über eine Krankheit, die für sie scheinbar nicht relevant war, anfälliger für die Symptome waren. Nachdem sie entdeckt hatten, daß sie unter dieser Störung litten, lieferten sie nur dürftige Leistungen. Sie erfüllten bei den Folgetests die Aufgaben nur halb so gut wie die Vergleichspersonen, die die ganze Zeit angenommen hatten, daß sie die Störung haben könnten, und die gezielt darüber nachgedacht hatten, wie sie das ausgleichen könnten. Diese Ergebnisse bestätigten unsere Hypothese: Die Art und Weise, wie wir eine neue Information aufnehmen (nämlich aktiv denkend oder gedankenlos), entscheidet darüber, wie wir sie weiterhin benutzen. In späteren Kapiteln werden wir diese Art verfrühter kognitiver Festlegung im Zusammenhang mit dem Altern und Bedingungen wie zum Beispiel dem Alkoholismus weiter erforschen.

18 Tatsächlich wurden für die Untersuchung 2 x 2 Musterbögen verwendet, in denen die Variablen Relevanz waren (d. h., die Wahrscheinlichkeit, an dieser Störung zu leiden, nämlich 10 oder 80 Prozent) und die Aufforderung, über das Problem nachzudenken (ja oder nein).

Gedankenlosigkeit und Unbewußtes

Bestimmte Arten von Gedankenlosigkeit, wie etwa Versprecher, werden dem «Unbewußten» zugeschrieben. Da die allgegenwärtige Gedankenlosigkeit, von der wir sprechen, andere Wurzeln hat, ist es wichtig, daß wir kurz abschweifen und einige der Unterschiede betrachten. Unbewußte Vorgänge, wie Freud sie definierte (oder Jahrhunderte vor ihm Plato oder buddhistische und hinduistische Philosophen), werden für sowohl dynamisch als auch nicht zugänglich gehalten. Dynamisch sind sie insofern, als sie unser bewußtes Leben fortwährend beeinflussen; dennoch können wir sie – ohne außergewöhnliche Bemühung, wie sie in der Psychoanalyse nötig ist oder bei verschiedenen geistigen Übungen – weder erkennen noch ihren Einfluß ändern.

«Es ist dem Erzeugnis des wirksamen Unbewußten keineswegs unmöglich, ins Bewußtsein einzudringen, aber zu dieser Leistung ist ein gewisser Aufwand von Anstrengung notwendig. Wenn wir es an uns selbst versuchen, erhalten wir das deutliche Gefühl einer *Abwehr*, die bewältigt werden muß, wenn wir es bei einem Patienten hervorrufen, so erhalten wir die unzweideutigen Anzeichen von dem, was wir *Widerstand* dagegen nennen. So lernen wir, daß der unbewußte Gedanke vom Bewußtsein durch lebendige Kräfte ausgeschlossen wird, die sich seiner Aufnahme entgegenstellen, während sie anderen Gedanken, den vorbewußten, nichts in den Weg legen.»[19]

Freud macht hier deutlich, daß es ein *motiviertes Nichtwissen* für unbewußtes Denken gibt. Diese unannehmbaren Gedanken und Wünsche schleichen sich auf Umwegen in Träume ein und geben uns Hinweise, daß es einen Einfluß des

---

19 Freud, S.: «Einige Bemerkungen über den Begriff des Unbewußten», in: *Gesammelte Werke* VIII, S. 435/36. Frankfurt/M. 1969.

Unbewußten auf unser Leben gibt, im übrigen aber sind sie für uns nicht erreichbar. «Daß... eine heftige, wilde und gesetzlose Art von Begierden in einem jeden wohnt», schrieb Plato, «...wenn auch einige von uns noch so gemäßigt erscheinen; und dieses nun eben wird in den Träumen offenbar.» Wenn «das Tierische und Wilde... sich bäumt... und losbricht, um seiner Sitte zu frönen... Wie es dann, von aller Scham und Vernunft gelöst und entblößt, zu allem fähig ist...»[20]

Die Gedankenlosigkeit ist ein bei weitem nicht so dramatischer Begriff. Beweggründe haben nichts damit zu tun. Wenn wir etwas gedankenlos in uns aufnehmen, kommt es uns nicht in den Sinn, später darüber nachzudenken, gleichgültig, ob diese Gedanken uns annehmbar erscheinen würden oder nicht. Während die Ideen des Unbewußten von vornherein für uns nicht erreichbar sind, waren die gedankenlosen Ideen einst der Verarbeitung durch Aktives Denken potentiell zugänglich.

Man braucht sich nicht durch tiefsitzende persönliche Konflikte hindurchzuarbeiten, um sich Gedanken bewußtzumachen, die gedankenlos verarbeitet wurden. Jedoch kommen einem diese Gedanken nicht von sich aus zur Überprüfung in den Sinn. Insofern sind sie ebenfalls nicht zugänglich. Wenn uns aber eine neue Art der Verwendung für eine Tür oder eine neue Auffassung von Alter angeboten werden, können wir die alten Einstellungen (*Mindsets*) ohne Schwierigkeit löschen.

20 Platon: «Politeia», Buch 9: *Sämtliche Werke 3*, S. 270 und 269. Reinbek 1963.

Die Annahme von der Beschränktheit der Ressourcen

Einer der Hauptgründe dafür, daß wir uns in den absoluten Kategorien verfangen, die wir selbst geschaffen oder von anderen übernommen haben, statt die Welt als dynamisch und fortlaufend anzusehen, ist der, daß wir annehmen, der Vorrat sei beschränkt. Wenn es eindeutige und dauerhafte Kategorien gibt, können wir Regeln aufstellen, nach denen wir mit dem Bestand an solchen Kategorien sparsam umgehen können. Wenn die Bestände nicht so begrenzt wären oder wenn die Grenzen großzügig erweitert würden, brauchten die Kategorien nicht so starr zu sein.

Studienplätze am College zum Beispiel werden als knapp angesehen. Wenn wir so handeln, als ob Intelligenz eine bestimmte fest umrissene Eigenschaft wäre, können wir auf der Grundlage von Intelligenz kategorisch entscheiden, wer ein College besuchen soll. Sobald wir uns aber klarmachen, daß Intelligenz – wie alles andere – vieles zugleich ist, wobei je nach dem Kontext eins zunimmt und das andere abnimmt, dann können wir sie nicht mehr benutzen, um kategorisch zu entscheiden, wer aufs College gehen darf und wer nicht. Man könnte die Dinge sogar noch verwirrender machen und anführen, daß, wenn Studienplätze knapp sind, vielleicht die sogenannten weniger Intelligenten sie bekommen sollten, weil sie sie nötiger brauchen. Eine solche Argumentation würde bestimmt diejenigen, denen dann der Zugang zum College verweigert wäre, zu der Einsicht bringen, daß es wie bei der Grundschule keinen wirklichen Grund für die Einschränkung der Collegebildung gibt.

Betrachten wir ein anderes Beispiel: Ein Ehepaar mit einem Kind will sich scheiden lassen. Wer «bekommt» das Kind? Diese Fragestellung ist vielleicht gar nicht richtig. Um was geht es eigentlich? Ist es die physische Gegenwart des Kindes,

die die Eltern wollen, oder ist es ein besti[...]
zum Kind? Ist es der Körper des Kindes ode[...]
schränkte Liebe, die sie begehren? Oder ist[...]
lichkeit, sich für irgendwelche in ihrer Bezieh[...]
Verletzungen aneinander zu rächen? Aktives Den[...]
Betrachtung dessen, was tatsächlich angestrebt wir[...]
zeigen, daß die sogenannten beschränkten Ressou[...]
alle reichen. Die Liebe des Kindes ist keine knappe W[...]
können durchaus zwei Menschen ein Kind lieben und[...]
dem Kind geliebt werden. Gefühle sind keine nur beschrä[...]
vorhandenen Güter; doch erkennen wir das oft nicht, we[...]
wir uns auf einzelne Elemente von Gefühlen konzentrieren,
die beschränkt zu sein scheinen.

Solange sich die Leute an die bornierte Auffassung von der
Beschränktheit der Ressourcen klammern, haben diejenigen,
die das Glück haben, von willkürlichen (wenn auch strengen)
Regeln wie den SAT-Bewertungen (College-Eignungstests) zu
profitieren, ein Interesse daran, den Status quo aufrechtzuer-
halten. Diejenigen jedoch, die nicht bekommen, was sie haben wollen, könnten darüber nachdenken, ob sie vielleicht
nur ein Versatzstück in eines anderen Menschen kostspieliger
Konstruktion von Wirklichkeit sind.

Bei Diskussionen über beschränkte Ressourcen kommt immer jemand mit dem Thema Geld. Geld ist nach der Erfahrung der meisten Leute knapp. Aber geht es denn hier um
Geld? Wieso ist reich sein besser? Reiche Leute haben Macht,
Ansehen, Zeit zum Spielen, können verreisen und sich vergnügen. Sie können sich schnellere Autos und feinere Speisen
leisten. Und so weiter. Wenn bestimmte grundlegende
menschliche Bedürfnisse befriedigt sind – ist dann das, was
wir eigentlich haben wollen, nicht ein seelischer Zustand?

Wenn wir prüfen, was hinter unseren Wünschen steht,
können wir im allgemeinen das Gewünschte bekommen,
ohne Abstriche machen zu müssen: Liebe, Aufmerksamkeit,

mpromisse sind nur not-
...llen, knapp ist. Wenn
... beschränkt wahrge-
...ht nicht so beharr-
... wir würden un-
...ckern, sobald
... uns gedanken-

...auf jeden Fall beschränkt
...rd als Ressource bezeichnet,
...e zu erzeugen. Nun mag zwar die
... gung stehenden Kohle beschränkt sein,
...r viele andere Möglichkeiten, Wärme zu
...se Ressourcen mögen letzten Endes auch be-
...sein, aber vielleicht weniger, als viele Leute glauben.
...enn wir daran denken, daß Ressourcen knapp sind, den-
...ken wir oft an unsere eigenen Fähigkeiten. Auch hier kann
unsere Vorstellung von Grenzen hinderlich sein. Wir können
uns selbst bis zu dem, was wir für unsere Grenzen halten,
vorantreiben – beim Schwimmen oder beim Sprechen vor
Publikum oder in der Mathematik. Ob das dann wirklich die
Grenzen sind, läßt sich jedoch nicht feststellen.[21]

Es mag in unserem eigensten Interesse liegen weiterzumachen, als ob diese und andere Fähigkeiten immer noch gesteigert werden könnten; auf diese Weise werden wir jedenfalls
nicht von falschen Grenzen abgeschreckt. Einst wurde angenommen, daß Menschen eine Meile nicht in weniger als fünf

---

21 Wissenschaftler wissen: Wenn einem der Beweis *für* eine Hypothese fehlt – in diesem Falle für die Hypothese, daß eine bestimmte Fähigkeit nicht beschränkt ist –, so heißt das nicht, daß man einen Beweis
gegen die Hypothese gefunden hat. Man kann nicht beweisen, daß es
keine Grenzen gibt. Man kann alte Grenzen immer wieder überschreiten.

Minuten laufen könnten. 1922 hieß es dann, es sei «nicht menschenmöglich», eine Meile in weniger als vier Minuten zu laufen. 1952 wurde die Grenze von Roger Bannister unterschritten. Jedesmal wenn ein Rekord gebrochen wird, wird eine angenommene Grenze verschoben. Aber die Vorstellung von Grenzen bleibt bestehen.

Ein merkwürdiges Beispiel für die Überschreitung scheinbarer Grenzen ist als «Coolidge-Effekt» bekannt. Beobachter von Ratten, Hamstern, Katzen, Schafen und anderen Säugetieren haben seit langem beobachtet, daß ein Männchen, wenn es sich gepaart hat und sein Sexualtrieb befriedigt ist, eine Ruhepause braucht. Wenn jedoch ein neues Weibchen seiner Art hereingebracht wird, findet das Männchen sofort die Energie, sich wieder zu paaren.[22]

Pädagogen in Ferienlagern wissen genau, wie subjektiv Grenzen sind. Jeden Sommer klettert ein Freund von mir in New Hampshire mit sechs zwölfjährigen Jungen auf einen kleinen Berg mit Namen Chocorua. Nach all den Jahren kennt er den Berg und weiß genau, wann die Energie nachlassen wird. Wenn ein atemloser Junge fragt: «Wie weit ist es noch?», antwortet er, so genau wisse er das nicht. Das letzte Stück führt über einen Grat, von dem aus man den Gipfel sehen kann: blanken Fels, der gezackt vor dem Himmel steht. Bis hierher wurde der Indianerhäuptling Chocorua von weißen Männern mit Gewehren verfolgt, die das Land seines Volkes für sich wollten.

Wenn die schwitzenden Ferienkinder diesen Grat erreichen, lassen sie sich oft fallen und nehmen ihre schweren Rucksäcke ab. Genau an diesem Punkt fesselt der Freund die Aufmerksamkeit der Jungen mit der Geschichte von Chief

22 Dewsbury, D.: «Effects of Novelty on Copulatory Behaviour. The Coolidge Effect and Related Phenomenon», *Psychological Bulletin 89* (1981): 464–482.

Chocorua. Er erklärt auch, welche besondere Herausforderung in diesem letzten Stück liegt. Daraufhin betrachten die
Jungen den Rest des Weges als eine neue Aufgabe. Wenn
sie dann den felsigen Gipfel des Mount Chocorua erklommen haben und den Wind spüren, der über die große Presidential Range der White Mountains im Norden zu ihnen
herüberweht, sind sie immer freudig erregt – und kaum
müde. Auch Erschöpfung kann eine verfrühte kognitive
Festlegung sein.

Entropie und lineare Zeit als begrenzende Einstellungen

Verbunden mit dem Glauben an beschränkte Ressourcen ist
der Begriff der *Entropie*, der allmählich fortschreitenden
Auflösung oder des Zerfalls einer Entität oder einer Organisationsstruktur innerhalb eines geschlossenen Systems. Entropie ist eine Vorstellung, die den Leuten auf den ersten Blick
das Gefühl gibt, die Dinge unter Kontrolle zu haben. Es gibt
mehr Möglichkeit zum Beteiligtsein in einem System, das sich
im Lauf der Zeit verbraucht – wo die Dinge nach und nach
schlechter werden –, als da, wo alles gleich bleibt oder gar
von selbst immer besser wird. Der Begriff Entropie läßt ein
Bild vom Universum als einer großen Maschine entstehen, die
verschlissen wird. Solch ein Bild, das viele von uns verinnerlicht haben, ohne je wirklich darüber nachzudenken, kann
auch eine unglückliche und unnötige Vorstellung (*Mindset*)
sein, die unseren Sinn für das, was möglich ist, einengt. Eine
andere Ansicht von der Welt, etwa eine, die anerkennt, wieviel von unserer Wirklichkeit gesellschaftlich bestimmt ist,
könnte dem einzelnen viel mehr Freiheit zum Handeln einräumen.

Der Glaube an feste Grenzen verträgt sich nicht mit den

Auffassungen vieler Physiker. James Jeans und Sir Arthur Eddington zum Beispiel glaubten, daß das Universum am besten als große Idee zu beschreiben sei. Etwas, nach dem sich gerichtet wird. Sobald irgendein System fast abgeschlossen zu sein scheint, wird etwas Neues, Unvorhergesehenes entdeckt.

Eine damit verknüpfte Vorstellung, die uns ebenfalls unnötig einengen kann, ist die lineare Auffassung von Zeit. Wenn wir bedenken, wie sich der Begriff «Zeit» von Kultur zu Kultur unterschieden und wie er sich im Laufe der Geschichte gewandelt hat, fällt es uns möglicherweise leichter, diese einschränkende Betrachtungsweise in Frage zu stellen.

In manchen Kulturen wird Zeit als eine universelle Gegenwart angesehen. Auf den Trobriand-Inseln vor der Küste Papua-Neuguineas betrachten die Menschen die Vergangenheit nicht als der Gegenwart vorausgehende Phase. Die Hopi-Indianer vertreten wie die Trobriander nicht unsere lineare Auffassung von Zeit, obwohl sie Begriffe haben, die die entsprechenden Funktionen erfüllen: werden; gedacht kontra real. John Edward Orme glaubt, daß in der Urzeit die Menschen Zeit als ein Phänomen der Gleichzeitigkeit ansahen.[23] Polynesier leugnen die Neuheit einer Fahrt übers Meer strikt. Sie glauben vielmehr, daß sie die Reise eines mythischen Entdeckers nur wiederholen.

Eine andere Auffassung von Zeit ist die zyklische. Pythagoras glaubte, daß jedes Teil Zeit wiederholt würde. Der Gedanke der Wiedergeburt, der in vielen Religionen des Ostens wirksam ist, beruht auf einer zyklischen Anschauung. Auch Nietzsche behauptete, daß das Universum zyklisch angelegt sei und die Ereignisse sich wiederholen könnten. Von diesem Standpunkt aus ist Präkognition, Vorauswissen, weniger ein Blick in die Zukunft als Wissen von etwas, das in der Vergangenheit geschehen ist, in einem anderen Zyklus. In einem zy-

23 Orme, J. E.: «Time, Experience and Behaviour». London 1969.

klischen Modell von Zeit sind Zukunft und Vergangenheit
nicht voneinander zu unterscheiden.

Selbst in einem eindimensionalen Zeitmodell verlaufen die
Bewegungen vielleicht nicht ausschließlich in einer Richtung.
Die Zukunft könnte ebenso in der Lage sein, die Gegenwart
zu «verursachen». Was soll ich jetzt lernen für die Prüfung,
die ich später ablegen werde? Der heilige Augustin sagte, die
Gegenwart habe mehrere Dimensionen: «...Und zwar ist da
Gegenwart von Vergangenem, nämlich Erinnerung; Gegenwart von Gegenwärtigem, nämlich Augenschein; Gegenwart
von Künftigem, nämlich Erwartung.»[24]

Kant begriff Zeit als ein Mittel, die Wahrnehmungen zu
ordnen – weder als etwas in der Welt «Gegebenes», noch als
etwas auf sie «Projiziertes». Von dieser Auffassung ausge-
hend, entwickelte er das «synthetische Urteil a priori» in der
Mathematik: Wir können etwas von der Welt wissen, ohne
die Welt zu sehen.

Die feste Einstellung zum Wesen der Zeit zu verändern
könnte mehr sein als eine intellektuelle Übung. Zum Beispiel
stellen wir in Kapitel 10, das sich mit Aktivem Denken und
Gesundheit beschäftigt, die Überzeugung in Frage, daß Heilung immer eine bestimmte Zeit in Anspruch nimmt. Alternative Ansichten von Zeit lassen solche Infragestellungen plau-
sibler erscheinen. Tatsächlich scheint Gewißheit, was die
Bedeutung von Zeit angeht, absurd zu sein. So schrieb der
große Physiker Ernst Mach: «Wir sind ganz außerstande, die
Veränderungen der Dinge an der Zeit zu messen. Die Zeit ist
vielmehr eine Abstraktion, zu der wir durch die Veränderung
der Dinge gelangen...»[25]

24 Augustinus: «Bekenntnisse», deutsch von Joseph Bernhart. München 1980.
25 Mach, E.: «Die Mechanik in ihrer Entwicklung». Unveränderter
Nachdruck der Ausgabe Leipzig 1912. Frankfurt/M. 1982.

Erziehung auf Ergebnisse hin

Eine völlig andere, aber dem Bisherigen nicht widersprechende Erklärung dafür, warum wir gedankenlos werden, hat mit unserer Früherziehung zu tun. Vom Kindergarten an konzentriert sich der Unterricht mehr auf die Ziele als auf den Prozeß, durch den sie erreicht werden. Dieses einseitige Anstreben eines Ergebnisses, vom Binden der Schnürsenkel bis zur Aufnahme in Harvard, macht es schwierig, dem Leben gegenüber eine Haltung Aktiven Denkens einzunehmen.

Wenn Kinder etwas Neues mit einer Orientierung auf das Ergebnis hin anfangen, werden die Fragen «Kann ich das?» oder «Was ist, wenn ich das nicht kann?» wahrscheinlich vorherrschen und angstvolle Besorgnis um Erfolg oder Mißerfolg schüren, statt die natürliche, reichlich vorhandene kindliche Forscherlust hervorzulocken. Statt sich an der Farbe des Stiftes und den Mustern auf dem Papier sowie vielen anderen möglichen Formen zu freuen, hat das Kind nur im Auge, den Buchstaben A «richtig» zu malen.

Unser ganzes Leben hindurch kann die Ergebnis-Orientierung im gesellschaftlichen Bereich Gedankenlosigkeit hervorrufen. Wenn wir zu wissen glauben, wie wir mit einer Situation umzugehen haben, halten wir es nicht für nötig, Aufmerksamkeit aufzuwenden. Wenn wir auf eine als vertraut empfundene Situation reagieren (ein Resultat etwa des übermäßigen Lernens), bemerken wir nur die kleinen Stichworte, die vonnöten sind, um diese Szene durchzuziehen. Wenn uns andererseits die Situation fremd ist, sind wir möglicherweise so mit dem Gedanken an ein Versagen beschäftigt («Was ist, wenn ich mich lächerlich mache?»), daß wir uns Nuancen im eigenen Verhalten wie in dem der anderen entgehen lassen. Auf diese Weise sind wir gegenüber der aktuellen Situation gedankenlos, obwohl wir vielleicht ganz aktiv über ergebnisbezogene Probleme nachdenken.

Im Gegensatz dazu heißt bei der Orientierung auf den Prozeß hin, den wir erforschen werden, wenn wir uns in Kapitel 7 mit «Kreativität» beschäftigen, die Frage «Wie mache ich das?» statt «Kann ich das?»; damit wird die Aufmerksamkeit auf die Betrachtung der einzelnen Schritte gelenkt, die dabei vonnöten sind. Diese Ausrichtung kann man in der Sprache der Leitsätze so charakterisieren: *Es gibt kein Versagen, sondern nur untaugliche Lösungen.*

Beim Unterricht in Computerprogrammieren für Kinder gehört zu den wichtigsten Tätigkeiten das «Bug-fixing» – es werden neue Lösungen ausgedacht, statt daß man sich in die eine verbeißt, die nicht funktioniert hat. Vorläufige Ziele sind ständiger Überprüfung unterworfen. Der prozeßorientierte Mensch wird, wenn sich die Umstände verändern, nicht so leicht aus der Fassung geraten.

Der Erziehungsstil, der sich auf Ergebnisse konzentriert, stellt im allgemeinen Tatsachen absolut dar. Diese Betrachtungsweise fördert Gedankenlosigkeit. Wenn etwas als anerkannte Wahrheit dargestellt wird, werden andere Arten, etwas zu denken, gar nicht in Betracht gezogen. Diese einseitige Sicht der Welt kann sich auf buchstäblich all unser Tun auswirken. Indem wir Absoluta lehren, reichen wir unsere Kultur von einer Generation zur nächsten weiter. Das bringt Stabilität. Aber der Preis dafür kann, wie wir sehen werden, hoch sein.

Die Macht des Kontexts

Wie wir uns in einer bestimmten Situation verhalten, hängt sehr von dem Kontext ab. In Krankenhäusern flüstern wir, wir werden auf Polizeiwachen ängstlich, auf Friedhöfen traurig, fügsam in Schulen und aufgeräumt bei Parties. Der Kontext beherrscht unser Verhalten, und unsere Einstellungen entscheiden darüber, wie wir einen Kontext jeweils interpretieren.

Viele von den Kontexten, die besonders in uns wirksam sind, haben wir in der Kindheit kennengelernt. Zum Beispiel formt vielleicht unsere frühe visuelle Begegnung mit der Welt tatsächlich das, was wir später sehen. Eine kontroverse Untersuchung von einerseits Euro-Kanadiern, die in städtischer Umgebung aufgewachsen waren, wo rechtwinklige Gebäude sie umgaben, und andererseits Cree-Indianern, die in der Umgebung von Zelten und Behausungen mit vielen Formen und Winkeln aufgewachsen waren, läßt vermuten, daß frühe visuelle Kontexte fortwirken. Die Euro-Kanadier konnten als Erwachsene rechte Winkel besser erkennen als andere Linienführungen. Dementsprechend schienen sie schräge Linienführungen weniger scharf zu sehen als die Cree. Die Cree haben von Anfang an eine andere innere oder geistige Landschaft, die es ihnen gestattet, eine größere Vielfalt an optischen Hinweisen in sich aufzunehmen.[26]

Ein klassisches Beispiel für die Macht des Kontexts ist Andersens Märchen von dem häßlichen Entlein. Als es ausgeschlüpft war, traf es seine erste verfrühte kognitive Festlegung: Es sah die große Ente und «entschied», daß sie seine Mutter sei. Als seine Geschwister und die anderen es quälten, traf es seine zweite verfrühte kognitive Festlegung – daß es

26 Arnis, R. und B. Frost: «Human Visual Ecology and Orientation Anestrophies in Acuity», *Science* 182 (1973): 729–731.

anders war und, noch schlimmer, daß es häßlich war. Es schämte sich und es war einsam.

Als es vor all dem Hacken und Zwacken und Hänseln davonlief, erlebte das häßliche Entenküken eine Reihe von Abenteuern. Einmal kam draußen im kalten Moor ein Jagdhund auf es zugerannt, sprang aber einfach über das Entlein hinweg. Ausnahmsweise war es froh über sein Aussehen: «Ich bin so garstig, daß es nicht einmal den Hund danach verlangt, mich zu beißen!»[27] Wir kennen die Geschichte alle. In einem neuen Kontext – der Welt der Schwäne – fühlte sich das häßliche Entenküken anders, nämlich stolz und schön. Seine alten Einstellungen (*Mindsets*) verflogen, als es um sich herum andere lange Hälse und ausgebreitete Schwingen sah.

Wenn wir von Kontext sprechen, machen wir oft den Fehler anzunehmen, daß es ihn irgendwo «da draußen» gibt. Wenn wir ein Wort «aus dem Zusammenhang» reißen, glauben wir, daß dieser Kontext auf der Seite zurückbliebe. Aber er existiert nicht ohne uns. Wir nehmen eine Beziehung zwischen einem Satz und dem nächsten wahr, wie der kleine Schwan zwischen sich und der Entenmutter. Ein Kontext ist eine verfrühte kognitive Festlegung, eine Einstellung (*Mindset*).

Der Kontext ist abhängig davon, wer wir heute sind, wer wir gestern waren und von welchem Standpunkt aus wir die Dinge betrachten. Manchmal gibt es dabei Widersprüche. Was halten Sie von einer «Las-Vegas-Nacht», veranstaltet von Nonnen zugunsten der Kirche? Wenn jemand in einem Krankenhaus anfängt zu schreien, weil seine Mutter schlecht behandelt worden ist, schauen ihn die anderen erschrocken an, weil Schreien den Krankenhausregeln nicht entspricht. Obwohl es Zeiten gibt, wo es angebracht wäre, in Kranken-

27 Andersen, H. C.: «Sämtliche Märchen. Erster Band.» Deutsch von Thyra Dohrenburg. München 1959.

häusern aufzustampfen und zu brüllen, tun wir es wegen des Kontexts nicht.

George Bernard Shaws Professor Higgins zeigte, daß unser Begriff von Schönheit sich mit dem Kontext dramatisch ändern kann. Am Anfang von *Pygmalion* ist Eliza Doolittle ein zerlumptes Mädchen mit starkem Cockney-Dialekt, das auf den Londoner Straßen Blumen verkauft. Professor Higgins tritt in ihr Leben und beschließt, aus ihr etwas völlig anderes zu machen. Ihm ist klar, daß Kontext alles ist, also macht er sich an die Arbeit und verändert Elizas Stimme, ihre Ausdrucksweise, ihre Kleidung, ihre Gewohnheiten. Er setzt sie in eine neue Umgebung, wie ein Juwelier eine Perle neu fassen würde. Eliza wird ein großer Hit in London; sie wird als Schönheit und als Prinzessin begrüßt. Der Reiz der Fabel wird dadurch verstärkt, daß die dramatischen Veränderungen im Kontext eine ebenso dramatische Änderung bei Elizas Selbstachtung, ja in Elizas Persönlichkeit bewirken.

Die Einordnung von Kontext in unseren Wahrnehmungen wurde treffend illustriert in einem Versuch, den die Psychologen David Holmes und B. Kent Houston durchführten.[28] Mit Zustimmung der Versuchspersonen verabreichten sie ihnen milde Elektroschocks. Die eine Hälfte der Personen hatten sie aufgefordert, die Schocks als «neue physiologische Wahrnehmungen» anzusehen. Diejenigen, die das taten, hatten weniger Angst und einen weniger beschleunigten Puls als die, die keine solchen Instruktionen vorab bekommen hatten.

Die gleiche Situation oder der gleiche Reiz ergibt, wenn man sie verschieden benennt, unterschiedliche Reize. Eine Berg-und-Tal-Bahn-Fahrt macht Spaß, ein holpriger Flug nicht. Stellen Sie sich die folgende Szene vor: Eine Frau geht

---

28 Holmes, D. und B. K. Houston: «Effectiveness of Situation Redefinition and Affective Isolation in Coping with Stress», *Journal of Personality and Social Psychology* 29 (1974): 212–218.

eine Landstraße entlang und wird plötzlich von einem
Schwarm Bienen überfallen. Wie die meisten von uns bekommt sie Angst; ihr Blutdruck steigt, ihr Puls beschleunigt
sich. Vielleicht erstarrt sie; oder sie rennt davon. Und jetzt
stellen Sie sich dieselbe Frau auf derselben Landstraße vor,
aber diesmal hat sie ein kleines Kind bei sich. Diesmal ruft das
Erscheinen der Bienen eine ganze andere Reaktion hervor. In
diesem Kontext schützt sie unerschrocken das Kind, statt
selbst Angst zu bekommen. Dieselben Bienen sind zu einem
anderen Reiz geworden.

Der Kontext kann den Wert bestimmen. Ein Postangestell-
ter, so berichtete der *Boston Globe* am 11.3.1980, schaffte
der verachteten Ein-Dollar-Marke mit dem Kopf der Suffra-
gette Susan B. Anthony darauf Akzeptanz, indem er schlicht
verkündete: «Höchstens zwei Stück pro Kunde!» Für Einzel-
händler ein alter Hut.

Kontext kann Einfluß haben auch dann, wenn wir uns um
ein ganz präzises und genau umrissenes Urteil bemühen. In
einem Versuch von Donald Brown wurden Versuchspersonen
aufgefordert, verschiedene Gewichte zu heben und sie als
leicht, mittel, schwer oder sehr schwer einzustufen.[29] In einigen Fällen fügte Brown noch ein weiteres Gewicht hinzu,
einen Anker. Er nahm an, daß das Urteil über ein Gewicht
verschieden ausfallen würde, je nachdem, wie das Ankerge-
wicht sich von dem zu beurteilenden Gewicht unterschied.
Und genau das stellte Brown auch fest. Die Einführung eines
schweren Ankergewichts ließ ein Gewicht jeweils leichter erscheinen, als bevor der Anker hinzukam.

Brown nahm noch eine interessante Variante auf. Ein paar
der Versuchspersonen wurden gebeten, dem Versuchsleiter
behilflich zu sein und das Tablett, auf dem die Gewichte stan-

---

29 Brown, D.: «Stimulus-Similarity and the Anchoring of Subjective
Scales», *American Journal of Psychology* 66 (1953): 199–214.

den, aufzunehmen und woanders abzustellen. Wenn Gewichte durch andere Gewichte beeinflußt wurden, würden dann die Versuchspersonen auch durch das Gewicht des Tabletts beeinflußt werden? Obwohl das Tablett nicht als Teil der Aufgabe wahrgenommen wurde, sollte man meinen, daß es auf eine absolute Weise, die von der Psychologie des Wahrnehmenden unabhängig war, doch existierte. Man sollte erwarten, daß sein Gewicht die Versuchsperson beeinflussen würde trotz der Tatsache, daß es nicht offiziell Teil des Versuchs war. Wenn jedoch der Kontext eher als die physische Realität unsere Erfahrung von Reizen bestimmte, müßte das Tablett ohne Einfluß sein.

Ergebnis dieses genialen Experiments war, daß die Beurteilung der einzelnen Gewichte *nicht* vom Gewicht des Tabletts beeinflußt wurde. Es war, als ob die Versuchspersonen in den Kontext des Experiments einträten und von den verschiedenen Gewichten beeinflußt würden und sich dann aus diesem Kontext entfernten, um das Tablett wegzustellen. Dann traten sie wieder in die Gewichte beurteilende Situation ein. In gewissem Sinne hatte das Tablett für sie kein Gewicht.

Es ist seit langem bekannt, daß Werteinstellungen einen Kontext herstellen, der Sinneswahrnehmungen beeinflußt. 1948 benutzten Leo Postman, Jerome Bruner und Eliot McGinnies ein Tachistoskop, mit dem sie Wörter sehr kurz auf eine Leinwand projizierten.[30] Diese Wörter waren mit verschiedenen Werten verknüpft. Zum Beispiel wurden den Versuchspersonen politische Begriffe gezeigt wie *Regierung*, *Bürger* und *Politik*; religiöse Wörter wie *Gebet*, *heilig* und *Kirche*; und ästhetische wie *Dichtung*, *Künstler* und *Schönheit*. Insgesamt verkörperten die Wörter sechs verschiedene

---

30 Postman, L., J. Bruner und E. McGinnies: «Personal Values as Selective Factors in Perception», *Journal of Abnormal Psychology 48* (1948): 142–154.

Werte, wie sie in der «Allport-Vernon Study of Values» verglichen worden sind.[31] Die Wörter wurden den Versuchspersonen in zufälliger Reihenfolge gezeigt. Trotz der Tatsache,
daß die ausgewählten Wörter alle gleich vertraut waren, war
die Geschwindigkeit, in der die Personen die Wörter erkannten, unterschiedlich je nach der Werteinstellung der jeweiligen Versuchspersonen, gemessen nach derselben Allport-
Vernon-Wertskala, die man den Versuchspersonen vorher
gegeben hatte. Je höher eine Person einen bestimmten Wert
einstufte, desto schneller erkannte sie das Wort. Politisch interessierte Versuchspersonen zum Beispiel erkannten die
Wörter aus der Politik schneller als künstlerisch interessierte.
Der von den Werteinstellungen der Versuchspersonen ge-
schaffene Kontext schien ihre visuellen Fähigkeiten zu beeinflussen.

Diese Macht des Kontextes über unsere Reaktionen und
Interpretationen macht uns auch anfällig für etwas, das wir
Kontext-Verwirrung nennen wollen. Dabei verwechseln die
Leute den Kontext, der das Verhalten eines anderen Menschen bestimmt, mit dem, der ihr eigenes Handeln bestimmt.
Die meisten Leute nehmen bezeichnenderweise an, daß die
Motive und Beweggründe anderer dieselben sind wie die eigenen, obwohl ein gleiches Verhalten ganz verschiedene Bedeutung haben kann. Wenn ich draußen jogge und eine andere
Frau schnell gehen sehe, nehme ich an, daß sie trainiert und
auch joggen würde, wenn sie könnte. Dabei hat sie sich vielleicht absichtlich dafür entschieden, sich wandernd zu betätigen, weil ihr das Spaß macht. Wandern und Laufen schließen
sich gegenseitig aus, wie so oft bei Kontext-Verwirrung: *Wer*

31 Allport, G. und W. Vernon: «Study of Values», Boston 1931. –
Dazu: Roth, E.: «Der Werteinstellungs-Test. Eine Skala zur Messung
dominanter Interessen der Persönlichkeit. Nach G. W. Allport, P. E. Vernon, G. Lindzey. Bern 1972.

das eine tut, kann notwendig das andere nicht tun. Wenn aber die Gesellschaft das Laufen hoch bewertet, wird diese Frau vielleicht mit der Zeit sich selbst als «nicht laufend» wahrnehmen, statt als «freiwillig wandernd». Sie könnte vergessen, welche Freude ihr das Wandern gemacht hat, und beginnen, sich selbst als mangelhafte Läuferin zu betrachten.

Die Kontext-Verwirrung hat man oft bei Fremdgruppen («Out»-Groups), wenn einerseits wir und andererseits sie ihr Verhalten untersuchen. Zu ihrem Nachteil werden sie von anderen leicht nach Kriterien beurteilt, die für ihre ursprünglichen Absichten und Ziele irrelevant sind. Sie sind sich vielleicht gar nicht bewußt, weshalb sie sich mit einer bestimmten Sache zu beschäftigen begonnen haben, und lassen sich dann von der größeren, mächtigeren Gruppe einreden, daß sie sich unzulässig verhalten. Die Eigengruppe («In»-Group) hat unabsichtlich den Kontext für das Verhalten der Fremdgruppe neu definiert. Wir werden das in Kapitel 9, wo wir uns mit Vorurteilen beschäftigen, noch weiter untersuchen.

Die verschiedenen Gründe für Gedankenlosigkeit, über die wir jetzt gesprochen haben – Wiederholung, verfrühte kognitive Festlegung, Glaube an die Beschränktheit der Ressourcen, die Vorstellung von linearer Zeit, Erziehung auf Ergebnisse hin und der mächtige Einfluß von Kontexten – beeinflussen unser Leben täglich. Bevor wir darüber sprechen, wie wir dem mit Aktivem Denken begegnen können, wollen wir uns noch kurz ansehen, was uns entgeht, wenn wir gedankenlos handeln.

Kapitel 4
Der Preis für die Gedankenlosigkeit

Drei ältere Frauen saßen auf einer Parkbank. Eine stöhnte. Ihre Freundin daneben seufzte. Die dritte sah die beiden an und sagte: «Ich dachte, wir wollten nicht über die Kinder reden.»

Die Geleise der Gedankenlosigkeit sind tief ausgefahren. Wir kennen unsere Rollen auswendig. Wir merken im täglichen Leben gar nicht, was wir tun, bis eine Schwierigkeit auftaucht. Wenn wir uns aus unserem Auto selbst ausgeschlossen haben oder wenn wir die Socken in den Mülleimer statt in den Wäschekorb geworfen haben, rüttelt uns das wach. William James erzählt die Geschichte, wie er sich zu einer Abendgesellschaft umziehen wollte und sich auszog und wusch und dann ins Bett ging. Zwei Routinehandlungen, die auf die gleiche Weise beginnen, gerieten durcheinander, und er befolgte gedankenlos die vertrautere.

Eine Freundin erzählte mir eine hübsche Geschichte von Gedankenlosigkeit über drei Generationen. Eine Frau wollte einen Schmorbraten machen. Bevor sie ihn in den Topf legte, schnitt sie eine kleine Scheibe davon ab. Als sie gefragt wurde, warum sie das tue, hielt sie inne, wurde ein bißchen verlegen und sagte, das tue sie, weil ihre Mutter es mit Schmorbraten auch immer so gemacht habe. Sie war jetzt selbst neugierig geworden und rief ihre Mutter an, um zu fragen, warum sie immer eine Scheibe Fleisch abschnitt. Die Antwort war dieselbe: «Weil meine Mutter das auch immer so gemacht hat.» Schließlich rief sie, weil sie eine sinnvollere Antwort haben wollte, ihre Großmutter an und fragte sie dasselbe. Ohne zu zögern antwortete die Großmutter: «Weil der Braten sonst nicht in meinen Topf gepaßt hätte.»

Die Folgen von Gedankenlosigkeit reichen von banal bis katastrophal. Das schaurige Extrem geschah einem jungen Mann, der zu einer Party auf einem großen Besitz in New Hampshire eingeladen war. Zu vorgerückter Stunde ging er mit einer jungen Frau in den Garten hinaus. In der Dunkelheit sah er einen großen Swimmingpool. In ausgelassener Laune warf er seine Sachen ab, stieß einen Tarzanschrei aus, trommelte sich auf die Brust und hechtete vom Sprungbrett – auf Beton! Der junge Mann brach sich das Genick.

Zwischen Komödie und Tragödie gibt es eine ganze Reihe von weniger eindeutigen, aber doch ernsten Auswirkungen von Gedankenlosigkeit. Dazu gehören eine hemmende Selbsteinschätzung, die nicht vorsätzliche Grausamkeit, Verlust der Kontrolle, erlernte Hilflosigkeit und das Verkümmernlassen von Möglichkeiten.

Eine enge Selbsteinschätzung

Eine einseitige Selbsteinschätzung macht einzelne wie Gruppen gefährlich verwundbar. Eine Hausfrau zum Beispiel definiert sich vielleicht selbst eng in dem, was sie tut. Wenn sie andere Menschen kennenlernt, stellt sie sich selbst etwa als «Soundsos Frau» vor. Sie sieht sich als diejenige, die «ihm» das Haus führt, die sich Kleider kauft, die «ihm» gefallen, und die für «ihn» kocht. Sie mag ja ganz glücklich sein mit dieser eingeschränkten Rolle; aber was passiert, wenn der Mann beschließt, seine Koffer zu packen und sie zu verlassen? Könnte sie unter veränderten Bedingungen weitermachen? Jede «Hausfrau» muß noch viele andere Rollen übernehmen: sie ist Tochter, Schwester, Freundin, Tischlerin, Malerin aus Liebhaberei und so weiter. Wenn sie sich ihre

Qualitäten aktiv denkend bewußt machte, würde sie von dem Verlust weniger tief getroffen sein. Wenn sie ihre Definition ihrer selbst im Sinne all dieser Rollen oder Unterrollen erweiterte, und es geschähe dann etwas mit ihrem Mann, gäbe es immer noch Kontinuität in ihrem Leben.

Für Wirtschaftsbetriebe ist der Preis für einseitige Selbsteinschätzung genauso hoch. Die Unternehmensleitung kann ein Geschäft definieren als bestimmten Bedürfnissen nachkommend und sich in ihren eigenen Kategorien verstricken. In einem klassischen Aufsatz mit dem Titel *Marketing-Myopia*, den er 1975 für den *Harvard Business Review* schrieb, sagte Theodore Levitt[32]:

«Die Eisenbahnen hörten nicht deshalb auf zu wachsen, weil das Bedürfnis nach Transport von Passagieren und Fracht nachgelassen hätte. Das nahm zu. Die Eisenbahnen haben heute Schwierigkeiten nicht deshalb, weil der Bedarf von anderen gedeckt wurde (Autos, Lastwagen, Flugzeugen, sogar Telefonen), sondern weil er *nicht* von den Eisenbahnen selbst gedeckt wurde. Sie ließen sich von anderen die Kunden wegnehmen, weil *sie glaubten, im Eisenbahn-Geschäft tätig zu sein statt im Transportwesen.*» (Hervorhebungen von E. L.)

Der Vorteil einer sich entwickelnden, facettenreichen Selbsteinschätzung bei Individuen oder Korporationen wird in allen folgenden Kapiteln sichtbar sein.

Unsere Neigung, uns auf das Ergebnis zu konzentrieren, über die wir im letzten Kapitel gesprochen haben, beengt auch unsere Selbsteinschätzung. Wenn wir andere Menschen um ihre Güter, ihre Leistungen, ihre Eigenarten beneiden, dann oft deshalb, weil wir *fehlerhafte Vergleiche* anstellen. Wir sehen vielleicht eher das Resultat ihrer Bemühungen als

---

32 Levitt, T.: «Marketing Myopia». *Harvard Business Review 38*, Nr. 4, (1960): 45–56. Nachdruck in *53, Nr. 5* (1975): 26–174.

den *Prozeß*, den sie auf dem Weg dahin durchlaufen haben. Stellen Sie sich zum Beispiel vor, Sie sprechen mit einer Professorin in ihrem Büro und hören sie ein Wort benutzen, dessen Bedeutung Ihnen unbekannt ist. Sie werden sich vermutlich eingeschüchtert und dumm vorkommen. Jetzt stellen Sie sich dieselbe Professorin vor, wie sie an ihrem Schreibtisch sitzt und in einem geöffneten Wörterbuch blättert. Daraus werden Sie vermutlich schließen, daß sie das Wort kennt, weil sie Zeit darauf verwendet, unbekannte Wörter nachzuschlagen, wenn sie beim Lesen darüber stolpert, oder daß sie sie auf eine andere einfache Art lernt. Sie selbst können auch Wörter nachschlagen, wenn Sie wollen. Wenn wir den Prozeß im Blick behalten, die Schritte, die jeder tun muß, wenn er ein Thema beherrschen will, brauchen wir uns nicht selbst geringzuschätzen.

Eine Selbsteinschätzung, die auf dem Verhalten in der Vergangenheit beruht, kann uns ebenfalls hinderlich werden. Jemand der in der Vergangenheit nie mehr als zwei Tage Diät halten konnte oder nie mehr als eine Meile laufen konnte oder sich an Wochenenden immer Arbeit mit nach Hause genommen hat oder dem es nie gelungen ist, mal Geld zu sparen, nimmt vielleicht an, daß das ein integraler Bestandteil seiner Persönlichkeit sei. Solange sich bei diesem Menschen die Einstellung (*mindset*) nicht ändert, werden diese Bemühungen auch heute und morgen erfolglos bleiben. Wie wir im letzten Kapitel gesehen haben, sind aber viele der Grenzen, die wir als absolut akzeptieren, eine Täuschung. In einer ganz einfachen Übung haben zwei meiner Kolleginnen und ich eine Gruppe von Versuchspersonen aufgefordert, uns so viele Lösungen wie möglich für eine bestimmte Anzahl von alltäglichen Problemen zu liefern. (Die Heizung ist aus, aber Sie wollen es warm haben; Sie wollen etwas Kaltes trinken, haben aber keinen Flaschenöffner.) Als diesen Versuchspersonen keine weiteren Lösungen mehr einfielen, legten wir die größte Zahl von Lösungen, die eine der Personen gefunden hatte, zugrunde und forderten eine andere Gruppe auf, genauso viele Lösungen plus fünf mehr zu suchen. Keiner in der zweiten Gruppe hatte Schwierigkeiten, dieses Ziel zu erreichen.[33]

Selbst Menschen, die ein ausgeprägtes Bewußtsein ihrer Fähigkeiten haben, können entdecken, daß sie durch gedankenlos akzeptierte Etiketts untergraben wurden. Anna konnte, bevor sie heiratete, gut mit ihrem Geld umgehen; nach der Hochzeit überließ sie ihrem Mann diese Aufgabe; jetzt, nach der Scheidung, scheint Anna irgendwie nicht mehr mit Geld umgehen zu können. Jane ist eine selbstsichere Anwältin; sie bekommt ein Baby und nimmt eine Weile Urlaub. Jetzt will sie wieder arbeiten, hat aber ihr Selbstvertrauen verloren.

Solche allseits bekannten Umstände veranschaulichen ein Phänomen, das wir *selbstverursachte Abhängigkeit* (*Self-induced dependence*) genannt haben. Ann Benevento und ich entwarfen mehrere Versuche, um zu sehen, wie sie entsteht.[34] Wir beschlossen, sie am Flughafen durchzuführen, in der Annahme, daß Menschen, die reisen, einigermaßen unabhängig und selbstsicher sind. Wenn *sie* also «selbstverursachte Abhängigkeit» entwickelten, würde sie wahrscheinlich auch bei anderen auftreten. In der ersten Phase eines dieser Experimente wurde den Versuchspersonen eine Reihe von mathematischen Aufgaben gestellt, die sie leicht lösen konnten. In der zweiten Phase versetzten wir die Versuchspersonen in eine Situation, die sie wahrscheinlich veranlassen würde, ihre

33 Langer, E., J. Johnson und H. Botwinick: «Nothing Succeeds Like Success, Except...» in Langer, E.: *The Psychology of Control*, Los Angeles 1983.

34 Langer, E. und A. Benevento: «Self-Induced Independence», *Journal of Personality and Social Psychology 36* (1978): 886–893.

Fähigkeiten in Frage zu stellen. Wir gaben einigen den Titel «Assistent» oder «Assistentin», anderen den Titel «Chef» oder «Chefin» und stellten ihnen allen Aufgaben, die zu ihren Rollen paßten. In der dritten Phase bekamen wieder alle Versuchspersonen die gleiche Art von leichten Rechenaufgaben, die sie in der ersten Phase so erfolgreich gelöst hatten. Diejenigen, die wir zu «Assistenten» gemacht hatten, lösten die Aufgaben jetzt nur noch halb so gut wie zuvor. Obwohl alle mit der gleichen Tüchtigkeit begonnen hatten, hatte das Etikett (der Titel), das sie bekommen hatten, ihre Leistungen untergraben.

Nicht-vorsätzliche Grausamkeit

Nicht immer zahlt man für Gedankenlosigkeit selbst. Ein Blick auf die von Stanley Milgram durchgeführte berühmte Untersuchung des Gehorsams zeigt eine der Arten, wie Gedankenlosigkeit andere verletzen kann.[35] Bei diesem Versuch wurden die Teilnehmer gebeten, an der Erforschung der Wirkung von Strafe auf Lernen teilzunehmen. Jedesmal wenn der «Schüler» die Antwort auf eine Frage nicht wußte, mußte die «Lehrer»-Versuchsperson ihm einen elektrischen Schlag verabreichen. Der «Schüler» bekam in Wirklichkeit keine Stromstöße, aber das wußten die «Lehrer» nicht. Ein Tonband spielte täuschend echtes Aufschreien, Stöhnen, Ächzen usw. bei Stromstößen. Die Versuchspersonen wurden aufgefordert, die Stromstöße zu erhöhen, sooft ein Fehler gemacht worden war. Milgrams überraschende Entdeckung: 65 Prozent dieser netten, normalen Leute waren auf Anweisung der

35 Milgram, S.: «Das Milgram-Experiment. Zur Gehorsamsbereitschaft gegenüber Autorität», deutsch von Roland Fleissner. Reinbek 1974.

Autorität – des Versuchsleiters – zu Stromstößen bereit, die die Lernenden getötet hätten.

Dies ist eine sehr komprimierte Darstellung eines komplizierten und umstrittenen Experiments. Wichtig dabei ist für uns das Merkmal der Steigerung. Hätte der Versuchsleiter die Versuchspersonen aufgefordert, jeweils von Anfang an fast die maximale Stromstärke anzuwenden, kann man annehmen, daß sehr viel weniger von ihnen gehorcht hätten. Wenn wir in kleinen Schritten vorgehen, läuft das offenbar so ab, daß wir nach dem ersten Schritt gar nicht mehr auf den Gedanken kommen, unser Verhalten in Frage zu stellen, bis wir dann im Rückblick erkennen, wie weit wir es unversehens getrieben haben. Wenn wir jemanden um 50 Cent beschwindelt haben, was ist dann dabei, wenn wir ihn das nächste Mal um einen Dollar und dann um zwei oder fünf Dollar betrügen? Und so weiter, bis irgend etwas uns zum Bewußtsein bringt, daß wir uns scheußlich benommen haben. Wenn wir etwas zur Routine werden lassen, statt jedesmal von neuem eine Entscheidung zu treffen, lassen wir uns gedankenlos zu einem Verhalten verleiten, zu dem wir sonst nicht bereit wären.

Gedankenlosigkeit gestattet uns auch, unbequeme Gedanken aufzuspalten und in Fächern abzulegen. Einmal ging ich mit meinen Nichten, die damals fünf und vier waren, zu einem Teich in der Nähe ihres Hauses in Connecticut, um die Enten zu füttern. Zu Anfang hatten die Mädchen Angst, aber dann freundeten sie sich schnell mit diesen liebenswerten Geschöpfen an. Am Abend ging die ganze Familie zum Essen aus. Ich bestellte Ente. Mit einem entsetzten Blick fragte eine meiner Nichten: «Tante Ellie, ist das eine von denen...?» Ich änderte schnell meine Bestellung; ich hätte die Erinnerung an die lebenden Enten nicht ertragen, während ich eine gebratene Ente aß. (Was für ein Glück, daß wir an dem Nachmittag nicht eine ganze Farm besichtigt hatten.)

Indem wir «Haustier» und «Fleisch» in verschiedene Kategorien sperren, können wir Fleisch ohne Gewissensbisse essen. Wir werden in diesem Buch noch sehen, wieviel uns dadurch entgeht, daß wir unser Denken in wasserdicht abgeschotteten Kategorien gefangenhalten. Bei unserem Essen mit der Familie wäre das fast auf Kosten der Enten gegangen.

In vielen Altenheimen im ganzen Land ist die sogenannte «Realitäts-Therapie» beliebt, wird aber oft falsch angewendet. Zu dem Programm gehört, daß einer der Mitarbeiter vom Pflegepersonal zu bestimmten Zeiten über das Lautsprechersystem ein paar Angaben über den Tag macht: die Temperatur draußen, den Wochentag, politische Ereignisse und dergleichen. Um ihr Erfassen der Realität zu prüfen, werden die Heimbewohner später befragt, etwa: «Wie warm ist es heute draußen?» oder «Welchen Tag haben wir heute?» Diejenigen, die darauf nicht antworten können, werden als verwirrt eingestuft.

Aber um wessen Realität geht es denn da? Für jemanden, der den ganzen Tag drinnen verbringt, ist die Temperatur draußen höchstens ein Kuriosum. Und wenn ein Tag buchstäblich wie der andere erfahren wird, kommt es wohl kaum darauf an, ob es ein Dienstag oder Donnerstag ist, der erste oder der einunddreißigste. Die «Realität» aus der einseitigen Perspektive des Pflegepersonals zu betrachten, kann zu einer Fehleinschätzung der Gesundheit oder des Bewußtseinsstandes von Heimbewohnern und damit zu einer schädlichen Etikettierung führen. Über den Preis, den ältere oder «auffällige» Patienten für gedankenlose Urteile darüber zu zahlen haben, was wirklich oder normal ist, sprechen wir in den Kapiteln 6 und 9 noch einmal.

Verlust der Kontrolle

Gedankenlosigkeit schränkt unsere Kontrolle oder Entscheidungsfreiheit ein, weil sie uns davon abhält, überlegt eine Wahl zu treffen. Die Werbung trägt wirksam zur Gedankenlosigkeit bei. Einmal erregte in Midtown-Manhattan ein großes Schild im Schaufenster eines Andenkenladens, der seit mindestens zwanzig Jahren immer «wegen Geschäftsaufgabe» annonciert, meine Aufmerksamkeit. «Kerzen, die brennen!» stand da. Ich dachte, besondere Kerzen sind ein hübsches Mitbringsel, und wollte eben hineingehen und dieses Angebot nutzen, als mir einfiel, daß alle Kerzen brennen.

Auch ohne daß die Werbefachleute sich verschworen haben, uns gedankenlos zu machen, schränken wir unsere Entscheidungsmöglichkeiten oft ein. Eine der wesentlichen Arten, das zu tun, ist die, daß wir alle unsere Schwierigkeiten auf eine einzige Ursache schieben. Solche gedankenlosen Zuschreibungen schränken den Bereich von zu suchenden Lösungen ein. Bei Forschungen zum Thema Ehescheidung haben die Psychologin Helen Newman und ich festgestellt, daß die Menschen, die das Scheitern ihrer Ehe ihren ehemaligen Partnern zur Last legen, länger darunter leiden als diejenigen, die viele verschiedene Erklärungen für ihre Lage für möglich halten.[36]

Ebenso scheinen Alkoholiker, die ihr Problem für ausschließlich ererbt halten, die Kontrolle aufzugeben, mit der sie ihre Besserung fördern könnten. Wenn wir für etwas eine einschichtige Erklärung haben, beachten wir bezeichnenderweise gegenläufige Informationen nicht. Das geschieht sogar dann, wenn erfahrene Therapeuten diese Informationen lie-

---

36 Langer, E. und H. Newman: «Post-Divorce Adaptation and the Attribution of Responsibility», *Sex Roles* 7 (1981): 223–232.

fern. In einer Untersuchung über verfrühte kognitive Festlegung und Alkoholismus haben drei Kollegen und ich den Beweis dafür gefunden.[37] Wir befaßten uns mit zwei Arten von
Alkoholikern: solchen, die in ihrer Jugend nur einen einzigen Alkoholiker gekannt hatten, und solchen, die mehrere
Alkoholiker gekannt hatten, die sich in ihrem Verhalten
voneinander unterschieden. Wir nahmen an, die zweite
Gruppe werde wohl eine weniger einseitige Auffassung von
den Möglichkeiten haben. Wenn zum Beispiel ein Kind nur
einen Alkoholiker gekannt hat, der laut und gewalttätig war,
wächst es vielleicht in der gedankenlosen Annahme heran,
daß Alkoholiker sich immer so benähmen. Wenn dieses Kind
später selbst Alkoholiker wird, kommt es ihm vielleicht gar
nicht in den Sinn, daß er oder sie sich anders verhalten
könnte. Wenn aber dasselbe Kind mit vielen verschiedenen
Alkoholikern ganz unterschiedlichen Charakters zusammen-
kommt, wird es vielleicht viel eher offen für flexiblere Ansichten darüber, wie man sich verhalten könnte, und damit offen
für Veränderung.

Zunächst befragten wir zweiundvierzig Patienten einer
Entziehungsklinik an einem allgemeinen Krankenhaus, wobei wir besonders auf ihre Kindheitserfahrungen achteten.
(Interviewer und Therapeuten kannten unsere Hypothese
nicht.) Dann verglichen wir die Ergebnisse der Interviews
mit den Bewertungen der Therapeuten über den Stand der
Fortschritte bei den Patienten. Diejenigen, denen die Therapie helfen konnte, kamen buchstäblich alle aus der Gruppe
mit Mehrfach-Rollenvorbildern. Diejenigen, die dagegen
nur *ein* Alkoholikervorbild gehabt hatten, schienen so starre
Einstellungen entwickelt zu haben, daß ihnen die von der

37 Langer, E., L. Perlmuter, B. Chanowitz und R. Rubin: «Two New
Applications of Mindlessness Theory: Alcoholism and Aging.» *Journal
of Aging Studies*, Vol. 2:3 (1988), 289–299.

Therapie gebotenen Alternativen nicht zugänglich zu sein schienen.

Unsere Neigung, gedankenlos bei dem ersten uns bekannten Muster zu verharren, kann man noch auf sehr viel einfachere Art demonstrieren. In einer klassischen Versuchsreihe über die Wirkung der *Einstellung* (deutsch im Original) entdeckten die Psychologen Abraham Luchins und Edith Hirsch Luchins, daß Versuchspersonen, sobald sie eine mathematische Aufgabe ohne nachzudenken lösen konnten, in der Mehrheit dieselben Lösungswege beibehielten, auch wenn ein einfacherer möglich wurde.[38]

Bei ihrem Versuch bestand die Aufgabe darin, mit Hilfe von drei Gefäßen unterschiedlicher Größe verschiedene Mengen von Wasser auszumessen. Zum Beispiel wurde die Versuchsperson aufgefordert, 100 ccm Wasser abzumessen unter Benutzung von Krug A, der 21 ccm faßt, Krug B, der 127 ccm faßt, und Krug C, der 3 ccm faßt. Eine Lösungsmöglichkeit ist die, mit Krug B anzufangen und Krug A abzuziehen und dann Krug C zweimal abzuziehen $(127 - 21 - 3 - 3 = 100)$. Man kann die Lösung auch so schreiben: Krug B − Krug A − 2 Krug C. Die Versuchspersonen bekamen eine ganze Serie von Aufgaben, die alle die gleiche Art Lösung hatten.

Als sie diese gescheite Lösung vermutlich ganz intus hatten, wurden sie aufgefordert, 20 ccm abzumessen, wenn Krug A = 23, Krug B = 49, Krug C = 3 ccm faßten.

Die Formel, die für die erste Aufgabe benutzt worden war, paßte hier auch $(49 - 23 - 3 - 3 = 20)$. Aber es gibt einen einfacheren Weg, die Aufgabe zu lösen: Man ziehe Krug C von Krug A ab $(23 - 3 = 20)$. Die Luchins stellten fest, daß 81 Prozent der Versuchspersonen die kompliziertere Formel an-

38 Luchins, A. und E.: «Mechanization in Problem-Solving: The Effect of Einstellung», *Psychological Monographs* 54, Nr. 6 (1942).

wendeten, offensichtlich ohne die einfachere Alternative zu
sehen. Interessant dabei ist noch, daß Personen, die auf dem
Zettel mit den Aufgaben besonders gewarnt wurden, «Handeln Sie nicht blind» und «Gehen Sie nicht unüberlegt vor
bei den folgenden Fragen», noch immer zu 63 Prozent gedankenlos handelten und die kompliziertere Lösung an-
wandten.

Erlernte Hilflosigkeit

Einen sehr viel schädlicheren Verlust von Möglichkeit zu Entscheidung und Kontrolle bringt wiederholtes Versagen mit
sich. Nach einer Reihe von Erlebnissen, bei denen unsere Bemühungen vergeblich waren, geben viele von uns auf. Die
bekannten Untersuchungen des Psychologen Martin Seligman und anderer zeigen, daß diese *erlernte Hilflosigkeit* dann
auf Situationen verallgemeinert wird, in denen die Person
durchaus alles unter Kontrolle haben könnte.[39] Auch wo
Lösungen möglich sind, hält ein gedankenloses Gefühl von
Vergeblichkeit den Menschen davon ab, die Lage zu überdenken. Er oder sie bleibt passiv angesichts von Situationen, die
eigentlich ohne übermäßige Schwierigkeiten gemeistert werden könnten. Erfahrungen der Vergangenheit bestimmen die
Haltung in der Gegenwart und berauben das Individuum der
Kontrolle über seine Entscheidungen. Wenn wir nach neuen
Aspekten bei solchen Situationen suchten, würden wir ver-
mutlich erlernte Hilflosigkeit verhindern können.

Erlernte Hilflosigkeit wurde erstmals bei Ratten nachgewiesen.[40] Wenn man sie in einen mit Wasser gefüllten Behäl-

39 Seligman, M. E. P.: «Erlernte Hilflosigkeit», deutsch von Brigitte
Rockstroh. München, Wien, Baltimore 1979.
40 Richter, C. P.: «The Phenomenon of Sudden Death in Animals and

ter setzte, aus dem es keine Fluchtmöglichkeit gab, schwammen die Ratten bis zu sechzig Stunden, ehe sie vor Erschöpfung ertranken. Wenn man die Ratten aber, statt sie direkt ins Wasser zu setzen, so lange festhielt, bis sie aufhörten zu zappeln, geschah etwas ganz anderes: Sie «schwammen nur einige Minuten lang aufgeregt herum, sanken dann plötzlich auf den Grund des Behälters und ertranken…».

Kliniken für chronisch Kranke lehren oft unabsichtlich eine ähnliche Art von Hilflosigkeit. Besonders traurige Fälle kennt man aus psychiatrischen Kliniken.[42] In einer lebte eine Patientin lange in einer «Abteilung der Hoffnungslosen» (*Hopeless ward*) genannten Station. Dann machten Renovierungsarbeiten es notwendig, die Bewohner für eine gewisse Zeit in eine andere, «offene» Station zu verlegen, auf der die Patienten im allgemeinen wieder gesund und nach Hause entlassen wurden. Die Patientin machte sich gut während dieser Zeit und wurde wesentlich zugänglicher. Als die Renovierungsarbeiten abgeschlossen waren, wurden die Patienten jedoch wieder in ihre «Abteilung der Hoffnungslosen» zurückverlegt. Kurz darauf starb diese Patientin ohne sichtbaren körperlichen Grund. Die Inschrift über dem Tor zur Hölle bei Dante hatte ihr den Namen der Station wohl verraten: «Laßt, die ihr eingeht, jede Hoffnung fahren.»[43]

Man», *Psychosomatic Medicine 19* (1957): 191–198. Zitiert nach Seligman, a. a. O. S. 160.

42 Lefcourt, H.: zitiert nach Seligman, a. a. O. S. 173.

43 Dante: «Göttliche Komödie», Inferno III, 9. Deutsch von Philaletes. Berlin o. J.

Das Verkümmernlassen von Fähigkeiten

William James hat behauptet, wir nutzten fast alle nur einen winzigen Teil unserer Möglichkeiten.[43] Nur unter ganz bestimmten Bedingungen von konstruktivem Druck oder in einem bestimmten Zustand – bei großer Liebe oder religiöser Inbrunst oder im Eifer des Gefechts – fangen wir an, die Tiefe und Reichhaltigkeit unser schöpferischen Ressourcen oder die in uns schlummernden ungeheuren Reserven an Lebensenergie anzuzapfen. Gedankenlosigkeit, die unsere Selbsteinschätzung herabsetzt, unsere Entscheidungen einengt und uns in einseitige Haltungen einbindet, hat viel mit dieser Vergeudung von Möglichkeiten zu tun. Wie ich schon in der Einleitung sagte, ist mir diese Verschwendung besonders deutlich geworden durch meine Forschungsarbeit bei älteren Menschen. Als ich mit anderen zusammenarbeitete bei dem Versuch, Verbesserungen für diese Leute zu schaffen, war das Haupthindernis sowohl bei den alten Leuten selbst als auch bei denen, die für sie sorgten, die verfrühte kognitive Festlegung über das Alter, die die Menschen in ihrer Jugend vornehmen.

Verfrühte kognitive Festlegungen sind wie Fotos, nur daß statt der Bewegung die Bedeutung erstarrt ist. Wenn ein Kind von den «dickköpfigen, griesgrämigen alten Leuten» hört, wird dieser Schnappschuß so, wie er ist, verarbeitet. Das Kind hat kaum eigenes Interesse an diesem Problem. Später, im Alter, wird das erwachsene Kind das Bild vielleicht auch nicht in Frage stellen. Das Originalbild kann zur Basis all dessen werden, was man später über das Alter erfährt. Selbst bei einer Korrektur ist so vieles auf diesem Fundament aufgebaut, daß es schwierig wird, eine neue Haltung auszubilden.

43 James, W.: «The World We Live In», *The Philosophy of William James*, New York 1953.

Um die Wirkung dieser frühen Erfahrung zu testen, verglichen wir alte Leute, die in der Kindheit, bevor sie zwei Jahre alt waren, mit einem Großelternteil zusammengelebt hatten, mit anderen alten Leuten, die erst mit einem Großelternteil zusammengelebt hatten, nachdem sie dreizehn waren.[44] Wir nahmen an, daß die Großeltern von Zweijährigen wahrscheinlich jünger und kräftiger gewesen waren und «größer» gewirkt hatten als die Großeltern von Dreizehnjährigen. Je jünger die Versuchspersonen bei diesen ersten Kontakten gewesen waren, desto positiver würde ihre frühe kognitive Festlegung über das Alter ausgefallen sein, wenn das zutraf. Dementsprechend konnte man erwarten, daß sie sich positiver auf ihr eigenes Alter einstellten.

Teilnehmer an dieser Untersuchung waren die Bewohner von Pflegeheimen, Genesungsheimen und Seniorenheimen in der Umgebung von Boston. Sie waren im Schnitt neunundsiebzig Jahre alt. Wir regten sie zu Erinnerungen an und befragten sie über die Vergangenheit, um festzustellen, ob sie in ihrer Kindheit mit einem Großelternteil zusammengelebt hatten, und wenn ja, wie alt sie gewesen waren, als Großeltern zu ihnen zogen.

Später wurden die Teilnehmer unabhängig davon durch Schwestern und Pflegerinnen beurteilt, die unsere Hypothese nicht kannten. Diejenigen, deren früheste kognitive Festlegung zum Alter sehr früh stattgefunden hatte, wurden als munterer eingestuft. Sie galten auch als aktiver und unabhängiger.[45]

---

44 Langer, Perlmuter, Chanowitz und Rubin: «Two New Applications of Mindlessness Theory».

45 Glück, Zufriedenheit steht nicht notwendig in Zusammenhang mit dem Alter, nicht so, wie es der Mangel an Munterkeit und Unabhängigkeit tut. Dementsprechend bezeichneten die Teilnehmer selbst sich nicht als glücklichere Menschen, ebensowenig wie die unabhängigen

Vielleicht gibt es noch andere Erklärungen für diese Ergebnisse. Dennoch weisen sie darauf hin, daß wir gut daran tun zu untersuchen, auf welche Art wir alt zu werden gelernt haben.

Psychologen stoßen nicht ungern auf Wegen vor, die die Dichter als erste zu betreten gewagt haben. Eines der herzzerreißendsten Bilder, die je von dem Preis für eine einseitige, verkümmerte Existenz gemalt wurden, ist das von Miss Havisham in Charles Dickens' Roman *Große Erwartungen*. Für sie haben in dem Augenblick, wo sie an ihrem Hochzeitstag verlassen wurde, Geist und Zeit aufgehört, sich zu bewegen. Wir sehen sie mit den Augen des Jungen Pip, der nichts von dem Unglück und der tragischen Einstellung (*Mindset*) weiß, die sie in diesen Zustand versetzt haben:

«In einem Lehnsessel, einen Ellenbogen auf den Tisch und den Kopf auf die Hand gestützt, saß die seltsamste Dame, die ich jemals gesehen habe und sehen werde.

Sie war in kostbare Stoffe gehüllt – Satin, Spitze und Seide, und alles in Weiß. Ihre Schuhe waren weiß. Von ihrem Haar fiel ein langer, weißer Schleier herab, sie hatte einen Brautkranz im Haar, das schon weiß war. Brautschmuck glitzerte an ihrem Hals und an den Händen, und einige andere Juwelen lagen glitzernd auf dem Tisch…

Ich bemerkte, daß alles in meinem Blickfeld… seinen Glanz eingebüßt hatte und verblichen und gelb war. Ich sah, daß die Braut im Brautkleid genauso an Schönheit verloren hatte wie ihr Kleid und wie die Blumen, und daß nur noch der Glanz ihrer eingesunkenen Augen geblieben war… Ich hätte aufgeschrien, wenn ich gekonnt hätte.»[46]

Beurteiler. Das zeigt, daß die Bewertungen nicht wahllos getroffen worden waren.

46 Dickens, C.: «Große Erwartungen». Deutsch von Margit Meyer. Berlin 1977.

II
Aktives Denken
Mindfulness

Kapitel 5

Das Wesen des Aktiven Denkens

«Unser Leben ist das, was unser Denken daraus macht.»
Mark Aurel, *Selbstbetrachtungen*

Als Napoleon in Rußland einmarschierte, erschien er der Welt als ein brillanter Eroberer und Held, der sein militärisches Genie abermals damit unter Beweis stellte, daß er gegen einen Riesen anzutreten wagte. Aber hinter den stolzen Fahnen und Feldzeichen stand eine gefährliche Einstellung: der feste Wille, Rußland zu erobern, gleichgültig, wie viele Menschenleben das kosten würde. So wie ihn Tolstoi in *Krieg und Frieden* beschreibt, konnte er Alternativen nicht brauchen; sein Entschluß stand fest.

Napoleon gegenüber stand ein alter russischer Bär von General, Kutusow, ein abgeklärter Veteran, der den Wodka liebte und die Angewohnheit hatte, bei feierlichen Anlässen einzuschlafen. Ein ungleiches Paar, möchte man meinen.

Als Napoleons Armee vorrückte, ließ Kutusow seine Armee zurückweichen und immer noch ein Stück zurückweichen. Napoleon drang weiter vor, immer tiefer nach Rußland hinein, immer weiter weg von seiner Nachschub-Basis. Schließlich griff auf Seiten der Russen ein mächtiger Verbündeter ein: der russische Winter. Die französische Armee mußte gegen die Kälte, den Wind, den Schnee und das Eis kämpfen.

Zuvor hatte Napoleon sein großes Ziel, seine fixe Idee – Moskau – erreicht, aber da war niemand zu besiegen. Alle

Moskauer waren geflohen. Und dann ließen die Russen ihre heilige Stadt Moskau sogar abbrennen! Kutusow war scheinbar der Verlierer:

«Er wußte, daß man einen Apfel nicht abreißen darf, solange er noch grün ist. Er wird von selber fallen, wenn er reif ist; reißt man ihn aber grün ab, so verdirbt man Apfel und Baum zugleich und holt sich selber stumpfe Zähne. Er... wußte, daß das Wild wund war, so wund, wie es nur die ganze russische Kraft hatte verwunden können; ob die Wunde aber tödlich war oder nicht, die Frage war noch nicht geklärt.»[47]

In diesem Augenblick, als Napoleon keine andere Wahl als den Rückzug hatte – aus der verbrannten Stadt, vor dem Winter –, griff der alte General an. Er rief Mütterchen Rußland an, es war ein Ruf, den Stalin später mit ähnlichem Erfolg wiederholen sollte. Er rief das Volk an, die Heimat zu retten, und sein Appell machte das ganze Zarenreich mobil. Die Franzosen hatten alles und alle gegen sich, einschließlich der Kosaken, die aus den eisigen Steppen herbeiritten. Damals behauptete sich Mütterchen Rußland – wie später gegen Hitler, als der Napoleons Fehler wiederholte.

In Kutusows Charakter finden wir die entscheidenden Merkmale eines Menschen, der aktiv denkt: 1. Bildung neuer Kategorien; 2. Offenheit für neue Informationen; 3. Bewußthaltung dessen, daß es mehr als eine Perspektive gibt.

Für jedes Merkmal bietet Napoleons stures, blindes Fixiertsein auf sein einziges Ziel ein drastisches Gegenbild, den Inbegriff der Gedankenlosigkeit. Zunächst einmal war Kutusow flexibel: Eine Stadt zu evakuieren würde im allgemeinen in die Kategorie Niederlage eingeordnet werden, er aber scherte sich nicht darum, und so wurde genau dies für Napoleon zur Falle. Zweitens reagierte er mit seiner Strategie auf

47 Tolstoi, L. N.: «Krieg und Frieden», deutsch von Werner Bergengruen. München 1953.

Nachrichten von Napoleons Vormarsch, während Napoleon seinerseits Informationen über Kutusows Bewegungen nicht zu berücksichtigen schien. Während schließlich Napoleon sein schnelles Vorrücken und den Marsch auf Moskau nur unter dem Blickwinkel der Eroberung von feindlichem Territorium sah, ahnte Kutusow vielleicht, daß die Invasion im Zusammenhang mit «Winter» und «Entfernung von den Nachschub-Basen» in eine Niederlage verwandelt werden konnte.

Die Bildung neuer Kategorien

Genauso wie Gedankenlosigkeit ein starres Sichverlassen auf alte Kategorien ist, bedeutet Aktives Denken die ständige Produktion neuer Kategorien. Immer wieder neue Kategorien zu konstruieren, immer wieder neue Begriffe zu bilden, während sie das Leben meistern, das sind für Kinder normale Vorgänge. Sie gehören zur normalen Adaptation und sind für das Überleben unumgänglich.[48] Sigmund Freud wußte, welche große Bedeutung Kreativität und Können in der Kindheit haben:

«Sollten wir die ersten Spuren dichterischer Betätigung nicht schon beim Kinde suchen? Die liebste und intensivste Beschäftigung des Kindes ist das Spiel. Vielleicht dürfen wir sagen: Jedes spielende Kind benimmt sich wie ein Dichter, indem es sich eine eigene Welt erschafft oder, richtiger gesagt, die Dinge seiner Welt in eine neue, ihm gefällige Ordnung versetzt.»[49]

48 Bruner, J., J. Goodnow und G. Austin: «A Study of Thinking», in Brown, R.: *Words and Things*, New York 1958.
49 Freud, S.: «Der Dichter und das Phantasieren», *Gesammelte Werke VII*, Frankfurt 1972, S. 214.

Uns Erwachsenen jedoch widerstrebt es, neue Kategorien zu bilden. Wie wir schon gesehen haben, ist unsere Fixierung allein auf Ergebnisse geeignet, ein spielerisches Herangehen abzuwürgen. Wenn ich Sie aufforderte, eine Liste von dem zu machen, was Sie gestern alles getan haben, was würden Sie da sagen? Denken Sie einen Augenblick darüber nach. Und dann überlegen Sie, was Sie sagen würden, wenn ich Ihnen für jeden Punkt auf Ihrer Liste Geld böte. Haben Sie Ihren Tag zuerst in große Brocken zerlegt – Frühstück, Arbeit, Mittagessen, Telefonieren? Die meisten Leute werden zum Beispiel sagen, sie hätten «gefrühstückt», nicht, sie hätten «von einer Schnitte Brot abgebissen, gekaut und geschluckt» und so weiter, selbst wenn man ihnen für eine längere Liste eine Belohnung versprochen hätte.

Ohne Psychotherapie oder eine dazu motivierende Krise wird die Vergangenheit kaum einmal neu kategorisiert. Wir können uns zeitweise unterschiedliche Episoden aus der Vergangenheit ins Gedächtnis rufen, um eine bestimmte gegenwärtige Situation oder einen Mißstand zu erklären, aber es kommt uns nur selten in den Sinn, die Art zu verändern, wie Ereignisse oder Eindrücke ursprünglich gespeichert wurden.

Stellen Sie sich zum Beispiel ein Ehepaar vor, mit dem Sie oft zusammenkommen, Alice und Fred. Manchmal erleben Sie mit, wie die beiden sich ein bißchen streiten. Sie achten nicht weiter darauf, schließlich gibt es bei allen Paaren mal Streit. Aber jetzt hören Sie, daß sie sich scheiden lassen wollen. Sie rufen sich die Dinge ins Gedächtnis, die dieses Resultat belegen. «Ich habe es geahnt! Weißt du noch, wie sie sich immer gezankt haben? Es waren abscheuliche Streitereien!» Vielleicht hören Sie aber auch etwas ganz anderes, nämlich daß Alice und Fred gerade Silberhochzeit gefeiert haben. «Ist das nicht schön?» sagen Sie. «Das ist eine so gute Ehe. Die streiten sich selten, und wenn, dann versöhnen sie sich immer so liebevoll miteinander.» Während wir im Archiv unserer

Erinnerungen wühlen und wählen, bleibt die ursprüngliche Kategorisierung dessen, was wir beobachtet haben, dieselbe. In diesem Falle erinnern wir uns an eine Verhaltensweise: an «Streit». Er kann uns als abscheulich oder spielerisch ins Gedächtnis kommen, aber wir identifizieren ihn als «Streit». Wir bilden keine neue Kategorie für das Verhalten an sich und nennen es nicht statt «Streit» zum Beispiel «Vorspiel» oder «Spielchen» oder «Rollenspiel». Ursprünglich war das mit dem Etikett «Streit» abgestempelte Verhalten vielleicht für alle möglichen Interpretationen offen. Wenn es aber erst mal als «Streit» gespeichert ist, wird es höchstwahrscheinlich nicht umbenannt, selbst wenn man es sich, um etwas einzuordnen, ins Gedächtnis ruft oder es ausschließt.

Wenn wir aktiv denkend neue Kategorien bilden, achten wir auf Situation und Kontext. Wenn ich jemanden brauche, der mir beim Anstreichen einer hohen Zimmerdecke hilft, könnte ein großer Mensch am geeignetsten sein. Andererseits ist vielleicht jemand unter 1,60 m viel besser – wenn er Bergsteiger ist und ihm Leitern nichts ausmachen und so weiter. Die Kategorien der Fähigkeiten eines Mitarbeiters weiter zu zerlegen zu klarer umrissenen Unterscheidungen ist ein nützlicher erster Schritt für einen Personalchef. In einer sehr geräuschvollen Umgebung kann ein geschickter Programmierer, der taub ist, vielleicht ein besserer Anwärter für den Job sein als ein Mensch von gleichen Fähigkeiten, der normal hört. Wo es notwendig ist, stundenlang im Sitzen zu arbeiten, findet vielleicht jemand, der auf den Rollstuhl angewiesen ist, dieselbe Arbeit weniger unangenehm als ein anderer Bewerber. Eine Liste allgemeiner Fähigkeiten ohne den Kontext würde diese und viele andere, feinere Unterscheidungen verdecken.

Die meisten festen Überzeugungen beruhen auf globalen Kategorien. Um jemanden zu beschreiben, den wir nicht ausstehen können, genügt uns im allgemeinen eine einzige Aussage. Wenn wir dagegen gezwungen werden, diese Person in allen Einzelheiten zu beschreiben, werden wir doch auf einige Qualitäten stoßen, die wir schätzen. Das ist auch bei Dingen und Situationen der Fall und bietet eine Möglichkeit, eine sonst unerträgliche Situation zu verändern: Wir können versuchen, nur die guten Seiten zu kriegen und uns die schlechten zu ersparen. Denken Sie sich zum Beispiel jemanden, der die Winterzeit im Norden haßt. Wenn er seine Gefühle genauer analysiert, entdeckt er vielleicht, daß er vor allem eine Abneigung gegen die Beengtheit durch schwere Winterkleidung hat. Eine gut wärmende Jacke oder eine bessere Heizung im Auto würden seine Auffassung eventuell ändern. Oder denken Sie sich ein Ehepaar, das sich nicht einigen kann, ob zu Hause eine Klimaanlage eingebaut werden soll oder nicht. Die Frau kann Hitze nicht ertragen, aber der Mann protestiert, weil er schon im Büro dauernd Erkältungen von der Klimaanlage bekommt. Vielleicht ist die Luft im Büro zu trocken, oder ihr Einfamilienhaus braucht ein wirksamer isoliertes Dach. Aktives Denken als Grundhaltung entbindet vielleicht nicht immer von der Notwendigkeit, sich auf Kompromisse einzulassen, aber manchmal eben doch. Jedenfalls kann sie den Spielraum für Konflikte deutlich reduzieren. Zu Hause, am Arbeitsplatz, wie wir noch sehen werden, aber auch im Spannungsfeld der Vorurteile kann Aktives Denken zu neuen Unterscheidungen und zu differenzierteren Kategorien führen und uns das Leben leichter machen.

Offen sein für neue Informationen

Aktives Denken bedeutet, frische Informationen gerne aufzugreifen. Genau wie das Kategorisieren ist die Aufnahme neuer Informationen eine grundlegende Funktion aller Lebewesen. Ein Zuwenig an Informationen kann lebensgefährlich werden. Forschungen über sensorische Deprivation (Reizentzug) zeigen: Wenn wir über längere Zeit auf eine reizarme, ja reizlose Umgebung beschränkt sind, etwa auf ein U-Boot oder eine sogenannte «Camera silens», leiden wir sehr bald unter diversen psychischen Problemen. Oder wenn wir bestimmten Reizfolgen ausgesetzt sind, die wir als anhaltende Wiederholung des Gleichen wahrnehmen, so schaltet sich unser Wahrnehmungsapparat sehr schnell vor alleine ab, weil er nichts Neues empfängt.

Ein Modell aktiv denkender Verarbeitung von Sinneswahrnehmungen ist die sogenannte «Inertialortung» in modernen Flugzeugen. Dieses Navigationsgerät empfängt laufend neue Signale und zeigt dem Piloten an, wo sich die Maschine im Augenblick befindet. Ein ähnlicher Steuerungsmechanismus ist in jedem von uns wirksam, wenn wir aufrecht gehen, Fahrrad fahren, Ski laufen, windsurfen oder uns sonstwie im Gleichgewicht halten. Unser Denken neigt jedoch dazu, kleine, widersprüchliche Signale auszublenden.

Wenn zum Beispiel ein geflügeltes Wort *verändert* wird, so daß es seinen Sinn verliert (aber die vertraute Struktur beibehält), wird jemand, der es laut liest, wahrscheinlich das ihm geläufige *Original*zitat vorlesen. Obwohl das, was er oder sie liest, nicht da da steht, wird er oder sie sicher sein, das Zitat genau richtig gelesen zu haben.[50] (Lesen Sie den letzten Satz

50 Langer, E. und C. Weinman: «Mindlessness, Confidence and Accuracy» (1976), beschrieben in Chanowitz, B. und E. Langer: «Knowing More (or Less) Than You Can Show. Understanding Con-

noch einmal und beachten Sie das doppelte *da*.) Im Gegensatz dazu werden aktiv denkende Menschen geänderte Signale aktiv verarbeiten. Natürlich ist aus aktiv denkendem Hören und Sehen entstandenes, auf einer erweiterten, zunehmend differenzierteren Basis von Informationen beruhendes Verhalten mit höherer Wahrscheinlichkeit und in höherem Grade erfolgreich.

Stellen Sie sich die Beziehung zwischen zwei Geschäftspartnern vor, Herrn X und Frau Y. Die beiden haben vielleicht das Gefühl, daß, obwohl die Firma wächst, auch die Mißverständnisse zunehmen. Herr X bemerkt, daß ihn Frau Y als starrköpfig einstuft. Da er dünnhäutig ist, spürt er den Mangel an Zustimmung. Er macht sich klar, daß er und Frau Y sehr verschieden sind und daß sie vielleicht seinen Stil eher als unangemessen denn als nur anders ansieht. Er erklärt ihr seine Haltung von seinem eigenen Standpunkt aus und macht deutlich, wie sehr er bemüht ist, sich widerspruchsfrei und berechenbar zu verhalten. Frau Y akzeptiert Herrn X' Erklärung seines Verhaltens; sie macht sich klar, wie wertvoll ein Geschäftspartner ist, auf den sie sich verlassen kann, statt dieselben Eigenschaften weiter als Starrsinn anzusehen. Frau Y ist in der Lage umzuschalten, weil sie selbst auch für Hinweise und andere Standpunkte offen war. In sehr stabilen Beziehungen wird so eine ständige Rückkopplungsschleife installiert, die eine Partnerschaft, eine Ehe oder eine Mannschaft im Gleichgewicht hält wie ein Flugzeug.

trol Through the Mindlessness/Mindfulness Distinction», in *Human Helplessness*, Ed. M. E. P. Seligman und J. Garber. New York 1980.

Mehr als nur ein Standpunkt

Offenheit nicht nur für neue Informationen, sondern auch für unterschiedliche Standpunkte ist ebenfalls wesentlicher Bestandteil des Aktiven Denkens. Jahrelang haben die Sozialpsychologen über die Unterschiede zwischen den Standpunkten des Agierenden und des Zuschauenden geschrieben.[51] Zum Beispiel sind wir geneigt, für eigenes falsches Verhalten die Umstände verantwortlich zu machen: «Wegen der U-Bahn komme ich immer zu spät.» Wenn jemand anders dasselbe Verhalten zeigt, schieben wir es gern dem Betreffenden in die Schuhe: «Er ist chronisch unpünktlich.»

Wenn wir uns erst aktiv denkend der Tatsache bewußt werden, daß es auch noch andere Standpunkte als unseren eigenen gibt, werden wir uns auch darüber klar, daß es so viele verschiedene Ansichten wie Beobachter gibt. Diese Bewußtwerdung ist potentiell befreiend. Stellen Sie sich zum Beispiel vor, daß jemand Sie gerade eben als unhöflich bezeichnet hat. Sie finden, Sie sind nur ehrlich gewesen. Wenn es nur eine Perspektive gibt, können Sie nicht beide recht haben. Aber mit dem Wissen von den verschiedenen Standpunkten können Sie annehmen, daß Sie beide recht haben, und sich auf die Frage konzentrieren, ob Ihre Bemerkungen das ausgesagt haben, was Sie zu sagen beabsichtigten. Wenn wir uns an unseren eigenen Standpunkt klammern, sind wir vielleicht blind für die Wirkung auf andere; wenn wir zu anfällig für die Definitionen werden, die andere unserem Verhalten geben, werden wir vielleicht schwankend, denn Beobachter sehen uns gemeinhin weniger günstig als wir uns selbst sehen. Es ist leicht einzusehen, daß jede einzelne Geste, Bemerkung oder

51 Jones, E. und R. Nisbett: «The Actor and the Observer: Divergent Perceptions of the Causes of Behavior». in *Attributions: Perceiving the Causes of Behavior*, ed. E. Jones et. al., Morristown, NJ, 1972.

Interaktion zwischen zwei Menschen auf *mindestens* zweierlei Weise interpretiert werden kann: spontan oder unberechenbar; konsequent oder starrköpfig; weichherzig oder schwach; leidenschaftlich oder unbeherrscht und so weiter.

Diese Aufstellung soll nicht den Eindruck erwecken, es gäbe für jedes Verhalten zwei feststehende, einander entgegengesetzte Interpretationen. Wie gesagt, potentiell gibt es so viele Interpretationen wie Beobachter. Jeder Gedanke, jeder Mensch, jeder Gegenstand ist potentiell vieles zugleich, je nach dem Standpunkt, von dem aus er betrachtet wird. Ein Rind bedeutet Fleisch für den Bauern, etwas Heiliges für einen Hindu, einen Haufen Gene und Proteine für einen Molekularbiologen. Aktives Denken bedeutet auch nicht, daß wir ganz bestimmte Arten von Interaktionen mit anderen Menschen planen können, so daß sie bestimmte Ergebnisse bringen; es bedeutet vielmehr, daß wir uns bewußt bleiben, daß die möglichen verschiedenen Standpunkte nie erschöpft sein werden. Wir sehen das im großen Maßstab oder unter höchst normalen Umständen. Der Reaktorunfall in Tschernobyl wurde in allen möglichen Schattierungen dargestellt, vom «heldenhaften Opfer zum Wohl der Menschheit» bis zu «massiver und zerstörerischer Fahrlässigkeit».[52]

Wir sehen, wie ein Sachverhalt mehr als eine Betrachtungsweise zuläßt: «Ich besuche meine Mutter regelmäßig, jede Woche, seit Jahren schon, jede Woche – wie ein Uhrwerk», sagt ein erwachsener Sohn. Seine alte Mutter sieht das anders: «Er ist so unberechenbar; ich weiß nie, an welchem Tag der Woche er kommt. Seit Jahren kommt er mal am Montag, mal erst am Freitag. Ich weiß nie wann.»[53]

---

52 Lindahl, I.: «Chernobyl: The Geopolitical Dimensions», *American Scandinavian Review 75*, Nr. 3 (1987): 29–40.

53 Diese Standpunkte unterscheiden sich auf eine andere Weise, als sie für psychologische Forschung wichtig sind. Je spezifischer das Ni-

Oder denken Sie an das Paar in Woody Allens Film *Stadt-neurotiker*, wo die beiden von ihren jeweiligen Therapeuten gefragt werden, wie oft sie miteinander schliefen. «Selten», sagt der Mann, «höchstens dreimal die Woche.» – «Ständig», sagt die Frau, «mindestens dreimal die Woche.»

Als Zuschauer beurteilen wir ein Verhalten danach, ob wir als Agierende auch so handeln würden. Wenn ich beim Basketball den Ball von weit hinten übernehme (und einwerfe), wird das beurteilt, als wäre ich ein Risiko eingegangen. Es bedeutet aber nur, daß die von mir selbst *empfundene* Fähigkeit die Einschätzung ihrer eigenen Fähigkeit bei einer Zuschauerin übersteigt. Es bedeutet nicht, daß ich ein größeres Risiko eingegangen bin, als eine andere Spielerin getan haben würde, wenn sie ebenso zuversichtlich gewesen wäre. Ich nahm den Ball an, weil ich glaubte, daß ich ihn würde einwerfen können. Da jedoch die Beobachterin diesen Schuß nicht riskiert haben würde und das von mir empfundene Kompetenzniveau nicht kennt, nimmt sie an, daß ich *waghalsig* bin. Ich sehe das als Kompliment an und diskutiere nicht. Aber sich all dieser Bestandteile bewußt zu sein, liegt in der Natur des Aktiven Denkens.

Der Versuch, eine flexible Geisteshaltung zu entwickeln, hilft mir, mich daran zu erinnern, daß Menschen manchmal gute Gründe haben können für ein Verhalten, das wir als negativ betrachten. Selbst wenn wir als Zuschauer ihre Gründe kaum beurteilen können, sind die Leute doch selten *vorsätzlich* etwa geizig, grausam, wählerisch, unbeugsam, heimlich-

veau der Analyse, desto größer die Wahrscheinlichkeit der Unvorhersagbarkeit. Die Erforschung der Persönlichkeit achtet im allgemeinen nicht auf das prototypische Niveau der Analyse beim Individuum. In dem zitierten Beispiel können die Unterschiede in dieser Dimension, gleichgültig, ob sie auf einem Charakterzug oder einem Zustand beruhen, interpersonelle Schwierigkeiten entstehen lassen.

tuerisch, nachlässig, taktlos, unvorsichtig oder pedantisch.
Niemand versucht unangenehme Wesenszüge zu kultivieren.
Nehmen Sie diese Liste und versetzen Sie sich in eine Situation, wo eines der Wörter auf Sie angewendet werden könnte.
Wenn Sie zum Beispiel jemandem ein Geschenk im Ausver-
kauf besorgen, betrachten Sie sich dann als geizig oder als
sparsam? Wenn Sie Ihre Kinder an einem Freitag im Frühling
vorzeitig aus der Schule heimkommen lassen, finden Sie sich
dann unverantwortlich oder kinderfreundlich? Buchstäblich
jedes Verhalten kann negativ gesehen oder geduldet oder ge-
rechtfertigt werden.[54]

Die Folgen davon, daß man verschiedene Perspektiven aus-
probiert, sind bedeutend. Zum einen bekommen wir eine größere Auswahl an Reaktionsmöglichkeiten. Ein einschichtiger
Begriff ruft eine mechanische Reaktion hervor, die uns ein-
schränkt. Wenn wir begreifen, daß andere Leute gar nicht so
anders sind, gestattet uns das Einfühlung und erweitert den
Bereich der Reaktionen. Wir fühlen uns in Auseinanderset-
zungen nicht so auf gegensätzliche Standpunkte festgelegt.

Zum anderen wird, wenn wir eine Haltung der Aufgeschlossenheit unserem eigenen Verhalten gegenüber einneh-
men, eine Veränderung leichter möglich. Als ich klinisch arbeitete, fand ich es oft verwunderlich, daß viele Leute in der
Therapie nicht nur stark motiviert waren, sich zu ändern
(deshalb kamen sie ja zu mir), sondern das gewünschte Verhalten auch schon in ihrem Repertoire hatten. Was also hin-
derte sie? Im Rückblick ist mir heute klar, daß sie vermutlich
oft ein Verhalten zu ändern versuchten (zum Beispiel «Unbe-
herrschtheit»), das sie genaugenommen mochten, nur von
einem anderen Standpunkt aus («Leidenschaftlichkeit»).

---

54 Wenn man *bewußt beschließt*, Alternativen bei komplexen negativen Informationen in Erwägung zu ziehen, kann man schlechterdings
nicht als haltlos bezeichnet werden.

Wenn man sich das vergegenwärtigt, sieht man vielleicht eine Änderung des Verhaltens nicht als Änderung von etwas Negativem, sondern als Entscheidung zwischen zwei positiven Alternativen («gelassen sein» statt «leidenschaftlich»).

Eine meiner Studentinnen, Loralyn Thompson, und ich prüften die Hypothese, daß Menschen deshalb Schwierigkeiten hätten, ihr Verhalten zu ändern, so hart sie auch daran zu arbeiten schienen, weil sie in Wirklichkeit dieses Verhalten unter einem anderen Namen schätzten.[55] Wir benutzten eine Liste von negativen Eigenschaften wie etwa stur, pingelig, einfältig und so weiter, und baten Leute, uns zu sagen, ob sie einzelne dieser Züge schon an sich zu ändern versucht hätten, ob ihnen das gelungen wäre oder nicht oder ob die Beschreibung auf sie ohnehin nicht zuträfe. Später befragten wir alle Teilnehmer, wie hoch sie jeweils bestimmte Charakterzüge wie etwa Beständigkeit, Gewissenhaftigkeit, Geradheit schätzten, eben die spiegelbildlichen Entsprechungen der negativen Züge. Unsere Hypothese wurde bestätigt. Die Menschen bewerteten gerade jene Qualitäten besonders hoch, die sie unter ihrer negativen Form besonders an sich zu ändern gewünscht hatten, was ihnen aber nicht gelungen war. Das Bewußtsein von so dualistischen Ansichten sollte unser Verständnis von Kontrolle und Erfolg beim Verändern von Haltungen erweitern (sofern wir dieses Verhalten noch immer für unerwünscht halten). In Kapitel 10 werden wir die Macht der flexiblen Perspektive bei der Genesung von ernsten Krankheiten und auch in der Suchttherapie sehen.

55 Langer, E. und L. Thompson: «Mindlessness and Self-Esteem: The Observer's Perspective», Harvard 1987.

Kontrolle des Kontexts:
Der Vogelmensch von Alcatraz

Die durch Aktives Denken ermöglichte erhöhte Kontrolle kann uns auch helfen, Kontexte zu verändern. Irving Janis, John Wolfer und ich untersuchten den Einfluß der einseitigen Einschätzung von Krankenhausbedingungen auf Schmerzen.[56] Die Patienten sind oft überzeugt, daß Schmerzen in einem Krankenhaus unumgänglich sind. Wenn sie in einer solchen Einstellung (*Mindset*) befangen sind, nehmen sie an, daß sie die Schmerzen ohne die Hilfe von Medikamenten nicht unter Kontrolle bekommen können. Mit unserem Versuch wollten wir herausbekommen, ob Menschen ihre Schmerzen kontrollieren können, wenn sie sie in einem anderen, positiveren Kontext erfahren.

Wir brachten Patienten, die eine größere Operation vor sich hatten, bei, sich selbst in einer der zwei folgenden Situationen vorzustellen: beim Fußballspielen oder mit den Vorbereitungen zu einer Abendgesellschaft beschäftigt. Mitten im stürmischen Kampf auf dem Fußballplatz werden Schrammen kaum wahrgenommen. Und genauso bemerkt man kaum, daß man sich geschnitten hat, während man sich abhetzt, um ein Essen für zehn Personen zu präparieren, die jeden Augenblick eintreffen können. Dagegen kann ein Schnitt, den man sich beim Lesen eines langweiligen Zeitschriftenartikels mit einer Papierkante beigebracht hat, ins Zentrum der Aufmerksamkeit rücken. Durch Beispiele dieser Art brachten wir Teilnehmern an unserer Untersuchung bei, daß ein Teil unserer Schmerzen nicht unausweichlich ist, sondern vom Kontext abhängig zu sein scheint.

56 Langer, E., I. Janis und J. Wolfer: «Reduction of Psychological Stress in Surgical Patients», *Journal of Experimental Social Psychology* *11* (1975): 155–165.

Das Pflegepersonal, das von unserer Hypothese nichts wußte, überwachte die Anwendung von Medikamenten und die Dauer des Aufenthalts bei Teilnehmern aus der Versuchsgruppe und aus Kontrollgruppen. Die Patienten, die ihre Krankenhauserfahrungen auf nichtbedrohliche Weise neu zu interpretieren gelernt hatten, nahmen weniger Schmerztabletten und Beruhigungsmittel und neigten dazu, das Krankenhaus eher zu verlassen als die nicht dazu angeleiteten Patienten. Die Erfahrung von Krankenhaus mit psychologisch anderen Blicken betrachtet ist nicht mehr dieselbe Erfahrung, und der Unterschied war ablesbar an der geringeren Menge der Medikamente und der schnelleren Genesung. Diese Technik der Neubewertung lockerte die Einstellung zum Krankenhaus, und indem sie zeigte, daß Schmerzen nicht unausweichlich waren, gab sie den Teilnehmern größere Kontrolle über ihre Gesundung.

Selbst scheinbar völlig festgelegte und unabänderliche Situationen können kontrollierbar werden, wenn sie aktiv denkend betrachtet werden. Der Vogelmensch von Alcatraz hatte eine lebenslängliche Gefängnisstrafe abzusitzen, ohne jede Hoffnung auf Begnadigung. Er war völlig von der Welt abgeschnitten, ein leerer, scheußlicher Tag folgte dem anderen, während er den Schwärmen von Vögeln nachsah, die an seinem Fenster vorbeiflogen. Eines Morgens verirrte sich ein verletzter Spatz in seine Zelle, und er pflegte ihn wieder gesund. Dieser Vogel war nicht mehr nur irgendein Vogel; für ihn war er ein ganz bestimmter Spatz. Andere Gefangene, Wärter und Besucher fingen an, ihm Vögel zu bringen, und er erfuhr immer mehr über sie. Bald hatte er eine regelrechte Voliere in seiner Zelle. Er wurde zu einer anerkannten Autorität auf dem Gebiet der Vogelkrankheiten; er erfuhr immer mehr über diese Geschöpfe und entwickelte immer mehr Sachkenntnis. Und alles, was er tat, hatte er sich selbst beigebracht.

Statt vierzig Jahre lang ein stumpfsinniges, ödes Leben in seiner Zelle zu führen, entdeckte der Vogelmensch von Alcatraz, daß Langeweile schlicht eine von diesen Konstruktionen des Geistes sein kann, die nicht gesicherter ist als Freiheit. Es gibt immer etwas Neues wahrzunehmen. Und er verwandelte das, was die absolute Hölle hätte sein können, in ein zumindest faszinierendes Fegefeuer Aktiven Denkens.

Prozeß geht über Ergebnis

Wie wir in Kapitel 3 gesehen haben, kann die Fixierung auf Ergebnisse uns gedankenlos machen. Wenn wir diesen Schluß umkehren, wie wir es mit allen unseren Definitionen von Gedankenlosigkeit gemacht haben, können wir Aktives Denken als Orientierung auf den Prozeß, den Ablauf, ansehen. Stellen Sie sich einen Wissenschaftler vor, der sich blöd vorkommt, weil er einen Zeitschriftenartikel nicht gelesen hat, über den seine Kollegen erregt diskutieren. Eine gedankenlose nachträgliche Beurteilung vermittelt ihm dieses Gefühl. Als hätte er wählen können, ob er den wichtigen Artikel lesen will oder nicht, und dabei dummerweise die falsche Wahl getroffen. Wäre er weniger fixiert auf das, was bei dieser Entscheidung herausgekommen war, würde ihm vielleicht klar werden, daß die Alternative nicht gewesen war, den Artikel zu lesen oder nichts zu tun, sondern ihn zu lesen oder im Labor zu arbeiten oder eine notwendige Ruhepause einzulegen oder seiner Tochter vorzulesen. Dies ist ein weiteres Beispiel für *fehlerhafte Vergleiche*, wie sie im letzten Kapitel beschrieben wurden. Wenn wir uns des Prozesses bewußt sind, der zu einer Entscheidung geführt hat, fühlen wir uns wahrscheinlich nachträglich weniger schuldig. Schließlich sollen aktiv denkend getroffene Entscheidungen zu irgend etwas gut sein, sonst würden wir sie ja nicht treffen. Es kommt gelegentlich vor, daß wir, nachdem wir die Konsequenzen einer Entscheidung erfahren haben, wünschten, wir hätten anders entschieden, trotzdem werden wir nicht ganz so streng mit uns sein, wenn wir wissen, warum wir etwas so und nicht anders getan haben.

Eine echte Prozeßorientierung heißt auch, daß wir uns dessen bewußt sind, daß jedem Ergebnis ein Prozeß vorausgeht. Studenten vergessen das dauernd. Sie beginnen ihre Dissertationen mit unmäßiger Beklemmung, weil sie anderer Leute fertige und abgerundete Arbeiten gesehen haben und sie fälschlich mit ihren eigenen ersten, unsicheren Schritten vergleichen. Mit der Nase in ihren Karteien und halbgaren Hypothesen schauen sie voller Ehrfurcht auf die von Dr. Soundso publizierten Bücher, als seien die ohne Anstrengungen hervorgebracht worden, ohne Fehlstarts direkt vom Hirn auf die gedruckte Seite kopiert. Wenn wir einmal untersuchen, wie jemand zu seinen Resultaten gelangt ist, erkennen wir eher, wie hart diese Leistung erarbeitet wurde, und schon scheint uns unsere Erfolgschance erheblich größer.

Unsere Beurteilung der Intelligenz anderer kann verzerrt sein von dem Wert, den wir dem Ergebnis beimessen. Bei einer formlosen Befragung baten meine Studenten und ich Menschen, die Intelligenz von Wissenschaftlern zu bewerten, die eine «eindrucksvolle» intellektuelle Leistung vollbracht hatten (etwa einen neuen Planeten entdecken oder ein neues Arzneimittel entwickeln). Wenn die Leistung als eine Folge von Schritten beschrieben wurde (und jede Leistung kann in Schritte zerlegt werden), beurteilten die Befragten die Wissenschaftler als weniger gescheit, als wenn die Entdeckung oder Entwicklung einfach benannt wurde. Die Menschen können sich vorstellen, daß sie selbst Schritt für Schritt voranschreiten, während jähe Gipfel ihnen unerreichbar und abweisend vorkommen.

Prozeßorientiertheit schärft nicht nur unser Urteil, sie sorgt auch dafür, daß wir uns selbst besser fühlen. Eine reine Resultatorientierung kann das Leben freudlos machen. Zum Beispiel beim Golf: Als erstes lernen Sie, den Kopf unten zu halten und den Arm nicht anzuwinkeln. Sie üben und üben und senken die Anzahl der Schläge. Jetzt stellen Sie sich vor, Sie läsen über Golfschläger, die die Zahl der Schläge um ein Drittel senken würden. Würden Sie sich nicht einen kaufen? Das vierte Loch mit vier statt mit sechs Schlägen – das ist doch was. Jetzt bessere Golfbälle. Sie sind auf drei Schläge runter. Schließlich wird ein Golfball entwickelt, der so raffiniert ist, daß er den Weg ins Loch mit einem einzigen Schlag findet. Was für ein Spiel, ein Loch mit jedem Schlag! Spiel? Ist das noch ein Spiel?

Bei einem Spiel verstehen wir, daß der Prozeß, wenn schon nicht alles, so doch das Entscheidende ist. Aber das gilt vielleicht auch für unser übriges Leben. Wäre es optimal, wenn in der freien Wirtschaft der Erfolg immer gesichert wäre? Was wäre denn, wenn alles wie geplant liefe, ohne Stolpersteine und ohne Ärger? Auf den ersten Blick mag uns das ideal vorkommen, wie dem König Midas die alles vergoldende Berührung. Was wäre das für ein Leben? Die Firma als totales Fürsorgeheim? Den Japanern zufolge hat das Big Business viel von Kindergartenkindern zu lernen. In machen japanischen Unternehmen werden die Denker und Innovatoren regelrecht ermutigt, *prozeßorientiert* zu arbeiten – der Erfolg kann später kommen.[57] Von den Bell-Laboratorien hieß es, jedenfalls bis zum Auseinanderbrechen von AT&T, dort komme es auf Forschung an, und es gebe keinen Zwang zur Anwendbarkeit in verkäuflichen Produkten.

---

57 Pascale, R. T. und R. G. Athos: «Geheimnis und Kunst des japanischen Managements», deutsch von Maxwell McBurney. München 1982.

Aktives Denken in Ost und West

Die Definitionen des Aktiven Denkens in diesem Kapitel, vor allem bei der eben behandelten Prozeßorientierung, werden viele Leser an verschiedene Konzepte von gesteigerter Geistestätigkeit (*Mindfulness*) in den Religionen des Ostens erinnern. Diejenigen unter meinen Studenten, die Kenntnisse von diesen Dingen haben, ziehen dauernd Parallelen. Während es viele Ähnlichkeiten gibt, liegen die Unterschiede in den historischen und kulturellen Hintergründen, von denen sie sich ableiten, und die vollkommeneren unter den Methoden, einschließlich der Meditation, durch die ein Zustand der gesteigerten Geistestätigkeit (*a state of mindfulness*) in den östlichen Traditionen erlangt werden soll. sollten uns gegenüber allzu glatten Vergleichen mißtrauisch machen.

Ich habe meine Arbeiten zum Thema Aktives Denken so gut wie ausschließlich im Rahmen westlicher Wissenschaftlichkeit durchgeführt. Anfangs standen Gedankenlosigkeit und ihre Vorherrschaft im täglichen Leben für mich im Mittelpunkt. Wie sich an der Anordnung der bisherigen Kapitel in diesem Buch ablesen läßt, entwickelt sich die Vorstellung von Aktivem Denken schrittweise, wenn man die Aspekte der Gedankenlosigkeit anschaut und dann die Kehrseite der Medaille untersucht. Erst nach einer Serie von Versuchen, die den Preis für starre Einstellungen und Einseitigkeit der Perspektive zeigen, fange ich an, den enormen potentiellen Nutzen der Haltung des Aktiven Denkens beim Altern, in der Gesundheit, bei der Kreativität und am Arbeitsplatz zu erforschen.

Hinter den östlichen Lehren von gesteigerter Geistesfähigkeit (*Mindfulness*) steht ein wohldurchdachtes kosmologisches System, das im Lauf der Zeiten entwickelt und verfeinert worden ist. Der moralische Aspekt des Denkens (die Vorstellung, daß der durch Meditation erreichte Zustand des

Aktiven Denkens spontan zum rechten Handeln führt[58]) ist
ein wesentlicher Teil dieser Philosophien. Das reicht in Dinge
hinein, die für den Rahmen dieses Buches zu kompliziert sind.
Da viele Wesenszüge in den östlichen Begriffen von gesteigerter Geistesfähigkeit und den in diesem Buch beschriebenen
einander jedoch verblüffend ähnlich sind, dürfen wir vielleicht hoffen, daß ein paar von den moralischen Konsequenzen, um die die östlichen Disziplinen sich bemühen, auch bei
dem Aktiven Denken herauskommen, wie wir es in Form und
Kontext westlicher Art begreifen.

Als Beispiel für die semantischen und philosophischen Ver-
wicklungen, die entstehen, wenn wir östliche und westliche
Auffassungen von Denken miteinander zu vergleichen versuchen, wollen wir die Bildung neuer Kategorien betrachten.
Während das nach unserer Definition eine Form des Aktiven
Denkens ist, scheint es dem, was man bei der Meditation tut,
konträr entgegengesetzt zu sein.[59] Bei der Meditation wird
die Seele ruhig, und die Aktivität des Denkens wird zurückge-
nommen. In machen Arten der Meditation werden Gedanken
und Bilder, die auftauchen, als unwichtig betrachtet und los-
gelassen, sobald der Meditierende ihr Vorhandensein entdeckt. Gleichzeitig sollen nach östlicher Auffassung die richtigen Techniken der Meditation zu einem *Entmechanisierung*
genannten Zustand führen.[60] In diesem Zustand zerbrechen
die alten Kategorien, und der Meditierende ist nicht mehr in

58 Druker, S.: «Unified Field Based Ethics: Vedic Psychology's De-
scription of the Highest Stage of Moral Reasoning», *Modern Science
and Vedic Science*. Im Druck.

59 Vgl. Langer, E.: *Minding Matters* (Kapitel 2, Anmerkung 10), zur
Diskussion von latenten kontra gezielten Arten Aktiven Denkens. Nur
die gezielte Form wird in diesem Buch betrachtet.

60 Deikman, A.: «De-automatization and the Mystic Experience»,
Psychiatry 29 (1966): 329–343.

Stereotypen gefangen. Diese Befreiung von starren Unterscheidungen ist dem in diesem Buch beschriebenen Aktiven Denken durchaus ähnlich. Dieses eine Beispiel dürfte klarmachen, warum ich, die ich nicht in östlichem Denken geschult bin, es anderen überlasse, Ähnlichkeiten und Unterscheidungen zwischen den beiden Auffassungen gesteigerter Geistestätigkeit (*Mindfulness*) herauszupräparieren. Wenn ein Leser mit einer bestimmten östlichen Richtung vertraut ist, mag er oder sie sich damit vergnügen, Vergleiche zwischen Techniken und Ergebnissen zu ziehen.

Kapitel 6
Aktiv denkend altern

«Wenn ich ein neues Gebrechen bekomme, schaue ich
mich um, weil ich sehen will, ob nun der Tod nahe ist,
und rufe leise: ‹Tod, bist du es? Bist du da?› Bis jetzt hat
immer das Gebrechen geantwortet: ‹Sei nicht albern, ich
bin's!›»

Florida Scott-Maxwell: *The Measure of My Days*

Das Alter ist ein so mächtiger Beschatter, daß wir, was immer
unserem Leib und unserem Geist in vorgeschrittenem Alter
zustoßen mag, annehmen, das komme von den hohen Jahren.
Wenn alte Menschen etwas auch nur ein ganz klein wenig
Ungewöhnliches tun, nennen wir das exzentrisch oder senil,
auch wenn sie sich ihr Leben lang so verhalten haben. Innerhalb einer so einengenden Einstellung (*Mindsets*) die knapp
sitzt wie eine Rüstung, die eine Nummer zu klein ist, werden
Entwicklung, Flexibilität und Initiative abgewürgt. Nicht nur
die Qualität, sondern auch die Länge unserer Leben kann davon betroffen sein.

Kontrolle und Überleben

Der Preis, den Gedankenlosigkeit fordert, und der potentielle
Nutzen von verstärktem Aktivem Denken wurden mir besonders deutlich, als ich Forschungsarbeit bei älteren Menschen
durchführte. 1976 untersuchte ich zusammen mit Judith Rodin, einer Kollegin von Yale, den Einfluß von Entscheidungsfreiheit und Eigenverantwortlichkeit bei den Insassen eines

Altenheims.[61] Wir teilten die Bewohner in eine Versuchsgruppe und eine Kontrollgruppe ein. Die Personen in der
Versuchsgruppe wurden nachdrücklich ermuntert, mehr Entscheidungen selbst zu treffen. Wir versuchten Dinge zur Entscheidung vorzugeben, die ihnen etwas bedeuteten, aber das
Pflegepersonal nicht behinderten. Zum Beispiel wurden die
Versuchspersonen gebeten zu entscheiden, wo sie ihre Besucher zu empfangen wünschten: im Haus oder draußen, in ihrem Zimmer, im Speisesaal oder im Gemeinschaftsraum und
so weiter. Es wurde ihnen auch mitgeteilt, daß in der Woche
darauf am Donnerstag und am Freitag ein Film gezeigt werden würde, und daß sie entscheiden sollten, ob sie ihn sehen
wollten und wann. Zusätzlich zu Wahlmöglichkeiten dieser
Art bekamen die Personen der Versuchsgruppe Zimmerpflanzen, für die sie sorgen sollten. Sie mußten selbst entscheiden, wann und wie stark sie die Pflanzen gießen wollten,
ob sie sie ins Fenster setzen oder vor der Sonne schützen wollten und so fort.

Dieser Gruppe war eine Vergleichsgruppe gegenübergestellt, deren Mitglieder zwar auch Pflanzen bekamen, aber
mit dem Hinweis, daß sich die Schwestern darum kümmern
würden. Die Personen in der Vergleichsgruppe wurden nicht
ermuntert, Entscheidungen selbst zu treffen, sondern bekamen mitgeteilt, daß das Pflegepersonal dazu da sei, ihnen in
jeder möglichen Weise beizustehen. Wenn sie zum Beispiel
Besucher im Haus oder draußen, in ihrem Zimmer, dem Speisesaal oder dem Gemeinschaftsraum zu empfangen wünsch-

---

61 Langer, E. und J. Rodin: «The Effects of Enhanced Personal Responsibility for the Aged: A Field Experiment in an Institutional Setting», Journal of Personality and Social Psychology 34 (1976):
191–198. – Rodin, J. und E. Langers: «Long-Term Effects of a Control-
Relevant Intervention Among the Institutionalized Aged», Journal of
Personality and Social Psychology 35 (1977): 275–282

ten, so sollten sie das nur jemandem vom Pflegepersonal mitteilen, die würden das dann schon arrangieren. Wir versuchten also, die Bedingungen äußerlich für beide Gruppen mög-
lichst gleich zu gestalten, mit dem einen Unterschied, daß ein
Teil selbst Kontrolle ausübte und verantwortlich war.

Vor Beginn des Versuchs und drei Wochen nach seiner Beendigung wandten wir verschiedene Methoden zur Messung
von Verhalten und Gemützustand an, um die Wirkung unserer Ermutigung zur Selbstbestimmung beurteilen zu können.
Die Einschätzung des Verhaltens (wie etwa die Teilnahme an
Gemeinschaftsveranstaltungen), subjektive Berichte (wie zufrieden die Heimbewohner waren) und Bewertungen durch
das Pflegepersonal (wie lebendig und aktiv sie die Insassen
fanden) zeigten alle eine deutliche und dramatische Besserung bei der Gruppe, die mehr Verantwortung bekommen
hatte.

Achtzehn Monate nach der Untersuchung gingen wir abermals in das Heim und nahmen die gleichen Messungen vor.
Die Bewohner mit der größeren Verantwortung bewiesen
noch immer mehr Unternehmungslust, waren signifikant aktiver, lebensvoller und umgänglicher als die anderen. Als Judith Rodin im Heim einen Vortrag hielt, stellte sie fest, daß
diejenigen, die aktiv teilnahmen und meistens die Fragen
stellten, aus der Versuchsgruppe kamen. Zu diesem Zeitpunkt prüften wir auch die körperliche Gesundheit der Bewohner. Während vor unserer Untersuchung die Gesundheit
beider Gruppen aufgrund ihrer Krankenblätter als gleich bewertet worden war, hatte sich achtzehn Monate später die
Gesundheit der Versuchsgruppe gebessert, die der Vergleichsgruppe jedoch verschlechtert. Die überraschendste Entdek-
kung war jedoch, daß die von uns hervorgerufene Änderung
der Haltung bei den Heimbewohnern eine niedrigere Sterberate ergeben hatte. Nur sieben von siebenundvierzig Personen aus der Versuchsgruppe waren während der achtzehn

Monate gestorben, gegenüber dreizehn von den vierundvierzig Personen aus der Vergleichsgruppe (15 Prozent gegenüber 30 Prozent).

Da diese Ergebnisse so verblüffend waren, hielten wir Ausschau nach anderen Faktoren, die diese Sterberate beeinflußt haben könnten. Leider können wir nicht alles über die Heimbewohner vor unserem Experiment gewußt haben. Wir wissen, daß die, die gestorben sind, sich nicht signifikant von den anderen unterschieden, weder in der Länge der Zeit, die sie in der Einrichtung verbracht hatten, noch in ihrem allgemeinen Gesundheitszustand vor Beginn unseres Versuchs. Die Todesursachen in den medizinischen Dokumenten waren in beiden Gruppen von Fall zu Fall andere. So konnte die größere Zahl von Sterbefällen in der Vergleichsgruppe nicht darauf geschoben werden, daß eine bestimmte Krankheit in dieser Gruppe vorherrschend gewesen wäre. Die Veränderungen, die unser Versuch im Leben der Bewohner hervorgerufen hatte, schienen buchstäblich und in übertragenem Sinn zu mehr Leben geführt zu haben. Wenn wir unsere «Behandlung» genau betrachten – daß wir zu Entscheidungen und Selbstbestimmung ermuntert und den Versuchspersonen etwas *Neues* gegeben haben, worum sie sich kümmern mußten –, scheint es angemessen, das als eine Art gesteigerten Aktiven Denkens anzusehen. Die Ergebnisse sind seither durch weitere Forschungen bestätigt worden.

Unter anderem scheint gesteigertes Aktives Denken die Depressionen zu vermindern, die mit dem Alter verknüpft werden. Larry Perlmuter und ich prüften, ob wir Depressionen abbauen und Selbstkenntnis und Gedächtnis aufbauen könnten durch die Technik der Verhaltenskontrolle.[62] Diese Tech-

---

62 Langer, E. und L. Perlmuter: «Behavioral Monitoring as a Technique to Influence Depression and Self-Knowledge for Elderly Adults», Harvard 1988.

nik, bei der sich die Versuchspersonen klarmachen, welche
Entscheidungen sie tagtäglich treffen, hatte sich bereits als
wirksam erwiesen bei der Förderung von Aktivem Denken.[63] Sie beruht auf einer Annahme über den Charakter
von Entscheidungsvorgängen: die Möglichkeit, etwas zu
entscheiden, fördert unsere Motivation. Bei den meisten alltäglichen Handlungen sind jedoch die potentiellen Alternativen, die es einmal gegeben hat, längst vergessen. Wenn ich
jeden Morgen zum Frühstück Orangensaft trinke, obwohl
Alternativen möglich wären, treffe ich höchstwahrscheinlich
keine echte Wahl mehr. Eine echte Wahl hat mit einem Bewußtsein von den anderen Möglichkeiten zu tun, die nicht
gewählt wurden. Durch dieses Bewußtsein erfahren wir
etwas über uns selbst, über unsere Neigungen und Vorlieben. Wenn ich zum Beispiel innehielte und überlegte, warum
ich nicht Grapefruit- oder Tomatensaft trinke, würde mir
deutlich werden, daß ich nicht einfach etwas Kaltes trinken
will, denn kalt sind die Säfte alle. Und daß ich nicht einfach
einen Zitrusgeschmack will, denn den bietet nicht nur
Orange sondern auch Grapefruit. Ich wollte etwas, das süß
ist und Zitrusgeschmack hat. Unterscheidungen wie diese,
sowohl so kleine als auch bedeutendere, machen uns bewußt, wie wir unseren Tag gestalten.

An dieser Pilotstudie nahmen sowohl Rentner als auch Altenheimbewohner teil. Wir machten sie mit jeweils einer von
vier Arten vertraut, ihre täglichen Entscheidungen über
einen längeren Zeitraum zu überwachen. Die Arten von
Überwachung unterschieden sich in der erforderlichen Komplexität des Denkens und in dem Ausmaß der von den Versuchspersonen ausgeübten Kontrolle. Wir nahmen an, daß

63 Perlmuter L. und E. Langer: «The Effects of Behavioral Monitoring on the Perception of Control», *The Clinical Gerontologist* 1 (1979):
37–43.

komplizierteres Denken und erhöhte Kontrolle das Aktive Denken allgemein fördern würden.

Die erste (am wenigsten «geforderte») Gruppe wurde einfach gebeten, eine Woche lang täglich bestimmte Tätigkeiten zu überwachen und zu bewerten (zum Beispiel, welches Getränk sie morgens als erstes wählten). Die zweite Gruppe kontrollierte jeden Tag andere Tätigkeiten. Die dritte Gruppe wurde gebeten, sich jeden Tag auf andere Tätigkeiten zu konzentrieren, dabei aber jeweils auch drei Alternativen aufzulisten, die sie hätte wählen können, aber nicht gewählt hatte. Die letzte (am stärksten «geforderte») Gruppe war der dritten Gruppe ähnlich, nur daß die Versuchspersonen selbst bestimmten, welche Tätigkeiten sie kontrollieren wollten. Nach Abschluß des einwöchigen Experiments wurden die Versuchspersonen befragt und von unabhängigen Beobachtern im Hinblick auf Stimmung, Grad der Unabhängigkeit und des Selbstvertrauens und der Lebhaftigkeit bewertet.

In buchstäblich jeder Messung galt: je mehr Entscheidungen und Kontrolle den Versuchspersonen abverlangt worden war, desto wahrscheinlicher war es, daß sie 1. weniger deprimiert waren, 2. unabhängiger und selbstsicherer waren und 3. munterer waren und feinere Unterschiede bei ihren Entscheidungen machten. Diese Anfangsergebnisse sprachen sehr dafür, solche Aspekte des Alterns näher zu untersuchen. Wir würden jedoch nicht erwarten, daß unsere Entdeckungen auch im «Extremfall» gelten: wenn Versuchspersonen plötzlich so viele Entscheidungen zugleich abverlangt werden würden, daß sie, statt eine zur Zeit zu treffen, beschließen würden, gar nicht mehr zu entscheiden.

Zu unserer Überraschung stießen wir auf eine Menge von unwillkürlichem Widerstand – von den Verwandten wie von den Alten selbst – bei dem Versuch, ihnen mehr Kontrolle zu ermöglichen und sie unabhängiger zu machen. Wie in vielen solchen Einrichtungen wurde Abhängigkeit unwissentlich,

aber in zum Himmel schreiendem Maße gefördert.[64] Wenn
einem Altenheimbewohner morgens beim Ankleiden geholfen
wird (aus Sorge um ihn oder sie, oder um Zeit zu sparen), fühlt
er oder sie sich vielleicht unfähig und hilflos. Im Endeffekt
wird solche Hilfe das Pflegepersonal mehr Zeit kosten, weil die
Menschen um so mehr Hilfe brauchen werden, je mehr man
ihnen hilft.[65] Einmal kam ich früher in einem Heim an, als für
unsere Forschung geplant war, und kam mit einer achtzigjäh-
rigen Frau ins Gespräch, die ihre vierundachtzigjährige
Schwester besuchte. Sie erzählte, daß ihre Schwester sie gebeten hätte, ihr eine hölzerne Zange zu besorgen, damit sie ihre
Unterwäsche ohne fremde Hilfe anziehen könnte, denn sie
konnte sich nur schwer bücken. Ich fragte, ob sie ihrer Schwester eine Zange gekauft hätte, und sie sagte im Brustton der
Überzeugung: «Lieber Himmel, nein! Wenn sie die benutzte,
würde sie sich vermutlich den Rücken verrenken!» Erschrok-
ken über diese Antwort schlug ich in scherzendem Ton vor, daß
wir ihre Schwester vielleicht in einen halbkomatösen Zustand
versetzen sollten; dann wären wir sicher, daß sie nicht stürzen
und sich den Schenkelhals brechen oder ersticken würde. Sie
schaltete sofort und lachte. Gutgemeinte Fürsorglichkeit unterminiert nach und nach jede Autonomie. Und noch ein-
schränkendere Eingriffe, wie etwa, Heimbewohner den ganzen Tag am Stuhl festzubinden, damit sie «sich nicht weh tun»,
vereiteln auch den letzten Rest von Initiative.

64 Baltes, M. M. und E. M. Barton: «Behavioral Analysis of Aging: A
Review of the Operant Model und Research», *International Journal of
Behavior Development* 2 (1979): 297–320.
65 Avorn, J. und E. Langer: «Induced Disability in Nursing Home
Patients: A Controlled Trial», *Journal of American Geriatric Society* 30
(1982): 397–400. – Langer, E. und J. Avorn: «The Psychological Envi-
ronment of the Elderly: Some Behavioral and Health Implications», in
Congregate Housing for Older People, ed. Seagle, J. und R. Chellis,
Lexington, MA, 1981.

Wenn wir sehen, wie andere Menschen die Dinge tun, die wir sonst selbst getan haben, bekommen wir das Gefühl, daß wir jetzt nicht mehr fähig sind, sie zu tun. Sogar dann, wenn der Grund für unsere Untätigkeit außerhalb unserer selbst liegt (zum Beispiel, wenn das «Art des Hauses» ist). Einstellungen (*Mindsets*) über das Alter bestätigen des Gefühl von Unfähigkeit. Es ist nicht wahrscheinlich, daß eine alte Frau eine schmeichelhafte Erklärung dafür findet, daß sie etwas nicht selbst macht. Wenn es eine gängige Erklärung gibt — alt zu sein —, suchen wir kaum noch nach anderen möglichen Gründen. Da sich niemand die Mühe macht festzustellen, was genau ein alter Mensch tun oder nicht tun kann, wird das Niveau der Fürsorge auf den kleinsten gemeinsamen Nenner festgesetzt. Wenn der Wille, selbst zu handeln, durchkreuzt wird, verkümmert er zu dem Wunsch, versorgt zu werden.

Der Verlust an Merkfähigkeit ist reversibel

Das dem Alter am häufigsten zur Last gelegte Problem ist wohl der «Gedächtnisverlust». Ich erinnere mich, daß ich einmal im Sommer morgens aufwachte und mich nicht erinnern konnte, was für ein Tag es war. Wäre ich achtzig gewesen, hätte ich nicht lange nach einer Erklärung gesucht. Da ich aber noch nicht einmal halb so alt war, grübelte ich über diesen Fehler nach, und mir wurde klar, daß im Juli, wenn keine Seminare stattfinden und keine Termine einzuhalten sind, ein Tag ziemlich genauso aussieht wie der andere. Es gab keinen Grund, sich zu merken, ob Dienstag oder Mittwoch war, also hatte ich es nicht getan.

Dieses Erlebnis steigerte mein Interesse an dem mit dem Alter in Verbindung gebrachten Verlust an Merkfähigkeit. Gab es andere Gründe als das Alter oder zusätzliche Gründe?

Und war die Entwicklung reversibel? Zusammen mit mehreren Kollegen entwickelte ich ein paar Experimente, um festzustellen, ob Verlust der Merkfähigkeit rückgängig gemacht werden konnte, wenn die Leute einen Grund hatten, sich etwas zu merken.[66] In einer dieser Untersuchungen wurden Bewohner eines Alten- und Pflegeheims innerhalb von drei Wochen neunmal besucht. Wir etablierten eine Versuchsgruppe und zwei Kontrollgruppen. Mit jedem Besuch forderten wir die kognitiven Fähigkeiten stärker, unter anderem stellten wir Fragen verschiedener Schwierigkeitsgrade nach dem Heim. Zum Beispiel fragten wir: «Wie viele Namen von Schwestern und von Patienten kennen Sie?» Und: «Wann findet die nächste Cocktailparty (oder ein Bingospiel oder Konzert) statt?» Wenn die Versuchsperson es nicht wußte, wurde er oder sie gebeten, das bis zu unserem nächsten Besuch festzustellen. Andere Fragen betrafen Mahlzeiten und tägliche Aktivitäten. Für jede richtige Antwort bekamen die Versuchspersonen Spielmarken, die als Pfänder gegen Geschenke einlösbar waren. Die eine Kontrollgruppe wurde genauso befragt, bekam aber Spielmarken nur als Erinnerung, nicht zur Motivation. Die zweite Kontrollgruppe wurde nicht zu Leistungen herausgefordert und bekam keine Spielmarken.

Alle drei Gruppen wurden auf ihr Kurzzeitgedächtnis hin geprüft; außerdem gaben die Schwestern Bewertungen ihrer Lebhaftigkeit vor Beginn und nach Beendigung des Versuchs ab. Die eigentliche Versuchsgruppe schnitt am Schluß besser ab als beide Kontrollgruppen. Wir sahen uns außerdem die Arztberichte an und stellten fest, daß am Ende der Studie der allgemeine Gesundheitszustand der Leute in der Versuchs-

66 Langer, E., J. Rodin, P. Beck, C. Weinman und L. Spitzer: «Environmental Determinants of Memory Improvement in Late Adulthood», *Journal of Personality and Social Psychology* 37 (1979): 2003–2013.

gruppe besser war als in den Kontrollgruppen. Eine Follow-up-Studie[67] zweieinhalb Jahre danach zeigte, daß die Vorteile dieser Art von Aktivem Denk-Training sich auch auf das Überleben auswirkte. Nur 7 Prozent der Versuchsgruppe waren gestorben, gegenüber 33 beziehungsweise 27 Prozent bei den beiden Kontrollgruppen. Da noch etliche weitere Personen aus den Kontrollgruppen, aber nur eine aus der Versuchsgruppe, inzwischen im Krankenhaus lagen, wo viele von ihnen dann starben, dürfte der Unterschied in der Langzeitwirkung zwischen Versuchsgruppe und Kontrollgruppen wahrscheinlich noch größer sein.

Einstellungen (*Mindsets*) überwinden

Viele der Möglichkeiten von Entscheidungen und Gelegenheiten zur Verantwortung, die wir bei unseren Experimenten anbieten, sind in anderen Kulturen Teil des täglichen Lebens alter Menschen. Zum Beispiel wurden die Alten bei den Yaghan, einem inzwischen ausgestorbenen Stamm, folgendermaßen angesehen:

«Man hört auf ihren Rat. Wenn sie gescheit und ehrenwert sind, haben sie großen moralischen Einfluß. Es gibt alte Witwen, die Familienoberhäupter sind und deren Anweisungen genau befolgt werden. Die Erfahrung der alten Leute kommt der Gemeinschaft zugute: Sie wissen, wie man sich Nahrung beschafft und die häuslichen Aufgaben erledigt. Sie überliefern das ungeschriebene Gesetz und verschaffen ihm Achtung. Sie geben ein gutes Beispiel, tadeln

67 Langer, E., P. Beck, R. Janoff-Bulman und C. Timko: «The Relationship Between Cognitive Deprivation and Longevity in Senile and Nonsenile Elderly Populations», *Academic Psychology Bulletin 6* (1984): 211–226.

diejenigen, die sich schlecht benehmen, und bestrafen sie notfalls.»[68]

Trotz der Tatsache, daß viele von uns nur wenige ältere Menschen persönlich kennen, haben wir eine genaue Vorstellung vom Altern. Diese Vorstellungen sind zu einem großen Teil verfrühte kognitive Festlegungen. Wie wir bei der am Ende von Kapitel 4 behandelten Untersuchung gesehen haben, kann eine positive Einstellung zum Alter ein reicheres Altwerden bewirken. Diejenigen, die in ihrer Jugend eine hoffnungsvollere Vorstellung vom Alter bekommen hatten, waren in ihrem eigenen Alter munterer und aktiver. Aber die meisten von uns haben eben dieses Bild nicht in sich. Wenn wir jung sind, hören wir Bezeichnungen wie «alte Schreckschraube», «verknöcherter alter Trottel», «Tattergreis», «armes altes Hutzelweiblein» von den Leuten mit negativen Vorstellungen vom Alter, bevor wir überhaupt anfangen, uns selbst als potentiell alt zu denken.

Je länger wir leben, desto häufiger geschieht es, daß Dinge, die einst irrelevant waren, und über die wir uns verfrüht kognitiv festgelegt haben, relevant werden.

Betrachten wir unsere Einstellung gegenüber Alten- und Pflegeheimen. In Cambridge, Massachusetts, lernte ich eine dreiundachtzigjährige Frau namens Mildred kennen, die seit zwei Jahren im Heim wohnt. Die Verpflegung ist gut und die Versorgung auch. Aber Mildred hat viele Jahre in einem alten Cambridger Haus gelebt – unter Nachbarn, die mit ihr alt geworden sind, und unter Bäumen, die älter waren als sie alle. Sie liebte ihr Haus. Mildred wurde jedoch älter, konnte sich nicht mehr gut selbst versorgen, und das Geld ging ihr aus. Das Haus wurde verkauft, und Mildred zog ins Heim. Sie ist Lehrerin gewesen und liebt Bücher, obwohl sie nur noch we-

68 Beauvoir, S. de: «Das Alter», deutsch von Anjuta Aigner-Dünnwald, Reinbek 1985.

nig liest. Bücher sind jetzt ihre einzigen Freunde, sie liegen überall herum wie bei anderen Leuten die Plüschtiere. Als ich sie besuchte, fragte ich sie nach Harry Truman, der ihr Schüler gewesen war, als sie in Washington Aufsatzkunde unterrichtete. «Ich ging oft mit Präsident Truman spazieren, als er schon Präsident war. Er war ein netter Mensch.» Offenbar hat Truman sein Englisch verbessern wollen, und Mildred half ihm dabei.

Als ich dann mehr über Truman wissen wollte, wechselte sie das Thema. «Sie hören alle möglichen Gründe, warum die Menschen an einen Ort wie diesen kommen», sagte sie. «Sie sind hier, weil sie nirgends sonst hinkönnen.»

Was Mildred von Altenheimen hält, beleuchtet ein Faktum, das ganz anders aussehen könnte. Weil die meisten Leute Mildreds Ansicht teilen, entsprechen die Heime diesem negativen Image. Die negative Auffassung ist nicht nur schmerzlich für uns, wenn so ein Heim unser neues Zuhause wird, was sehr wahrscheinlich ist, sondern die negative Einschätzung bei jüngeren Menschen trägt auch dazu bei, daß die Heime in der Wirklichkeit zu trostlosen Endstationen werden. Das ist die Macht von Einstellungen (*Mindsets*).

Vieles von dem, was ältere Menschen durchmachen, könnte durch negative Klischees bewirkt worden sein, die in der Kindheit verinnerlicht wurden. Wir wissen nicht, wie viele von den «Gebrechlichkeiten des Alters» tatsächlich genetisch in uns vorprogrammiert sind und wie viele auf verfrühten kognitiven Festlegungen beruhen. Wir wissen nicht, wie viele erfreulichere oder anregendere Möglichkeiten für das Leben in höherem Alter geschaffen werden könnten, wenn unser Denken dafür offen wäre.

Cicero sagte: «Es gibt doch viele alte Menschen, die so gebrechlich sind, daß sie keiner Aufgabe ihres Berufs oder überhaupt des Lebens mehr nachkommen können. Jedoch: Dieses Übel geht nicht eigentlich zu Lasten des Alters; es ist

allgemeiner Natur und hängt mit dem Gesundheitszustand
des Menschen zusammen.»[69] Alter und schlechte Gesundheit
werden ständig verwechselt.[70] Krankheit mag im Alter häufiger sein, ist aber nicht dasselbe wie Alter. Da wir blind glauben, daß Alter Anfälligkeit und Schwäche bedeutet, erwarten
wir wenig von den alten Menschen um uns herum oder von
uns selbst, wenn wir älter werden. Die Konsequenz aus solchen Einstellungen ist eine interaktive Spirale, die uns nach
und nach fertigmacht. Die Selbstachtung wird dabei natürlich unterminiert und ist der Grund für weiteres Leiden, denn
ältere Menschen suchen die Schuld eher bei sich selbst als in
den Umständen, in denen sie leben. Am Ende dieses Kapitels
wird ein Experiment beschrieben, das den Lesern vielleicht
eine Vorstellung davon vermittelt, wie sie die abgenutzten
Einstellungen umgehen und sich selbst mit einem neuen Alter
überraschen können. Darin überlisteten wir den Körper gewissermaßen, so daß er sich um zwanzig Jahre zurückver-
setzte.

Florida Scott-Maxwell, eine Analytikerin der Jungschen
Schule, die erst in der Lebensmitte ihre Ausbildung begann,
fing mit zweiundachtzig Jahren an, Tagebuch zu schreiben
und darin ihre Beobachtungen vom Altsein wiederzugeben.
Ihre aktiv denkend beobachteten Erfahrungen widerspra-
chen ihren Erwartungen: «Das Alter verwirrt mich. Ich
glaubte, es sei eine ruhige Zeit. Die siebziger Jahre waren für
mich interessant und einigermaßen friedlich, aber die achtzi-
ger sind leidenschaftlich... Zu meiner eigenen Überraschung
platze ich mit glühenden Überzeugungen heraus.»[71]

69 Cicero: «Cato der Ältere. Über das Alter», lateinisch-deutsch, ed.
Max Faltner. München 1963.

70 Rowe, J. und R. Kahn: «Human Aging: Usual and Successful»,
Science 273 (1987): 143–149.

71 Scott-Maxwell, F.: «The Measure of My Days», New York 1972.

Die Grenzen des Alterns erweitern

Wie genau sehen unsere Einstellungen gegenüber dem Alter aus? Ann Mulvey und ich starteten eine Untersuchung, um herauszubekommen, welche Tätigkeiten am häufigsten als für alte Menschen typisch genannt wurden.[72] Implizit lautete die Frage: Wie weit wird Alter mit Senilität gleichgesetzt? Wir benutzten Fragebögen, um die Vorstellungen über das Verhalten alter Menschen bewerten zu können und um zu ermitteln, ob Wissen von und Haltung gegenüber Senilität sich je nach Alter und/oder Vertrautheit mit Alten unterschieden. Unsere Versuchspersonen waren 75 Erwachsene: 25 zwischen 25 und 40 Jahren; 25 zwischen 45 und 60 Jahren; 25 über 70 Jahre alt.

Wir baten die Versuchspersonen, die Verhaltensweisen aufzulisten, die nach ihrer Ansicht für drei Altersgruppen jeweils typisch wären: 25- bis 35jähige. 65- bis 75jährige, 76 Jahre und älter. Wir fragten außerdem, welche dieser Verhaltensweisen, wenn überhaupt, Senilität verrieten. Als nächstes lasen alle Teilnehmer dieselben Schilderungen verschiedener Ereignisse und wurden gebeten zu beschreiben, wie ein seniler Mensch auf diese Situationen ihrer Ansicht nach reagieren würde. Zum Beispiel: «Eine senile Person betritt einen Laden und nimmt ein Brot aus dem Regal. Dann...?» Schließlich wurden die Versuchspersonen gefragt, wie wahrscheinlich es wäre, daß sie selbst senil werden würden.

Ausgewertet wurden die Antworten von Fachleuten, die nichts von unserer Hypothese ahnten. Die jungen und die mittelalten Versuchspersonen betrachteten alte Menschen als nicht am gesellschaftlichen Leben beteiligt und passiv und als

72 Mulvey, A. und E. Langer, behandelt in J. Rodin und E. Langer: «Aging Labels: The Decline of Control and the Fall of Self-Esteem», *Journal of Social Issues 36* (1980): 12–29.

mit sehr viel mehr unerfreulichen als erfreulichen Eigenschaften ausgestattet. Die älteren Versuchspersonen dagegen betrachteten alte Menschen als signifikant stärker an gesellschaftlichen Vorgängen beteiligt und mit angenehmeren Eigenschaften ausgestattet. Die Jüngeren waren eher als die Älteren geneigt, alte Menschen für gebrechlich zu halten.

Sowohl für die älteren als auch für die mittelalten und für die jungen Versuchspersonen schien es eine Klischeevorstellung von alten Menschen zu geben, die einen ziemlich genau umrissenen Begriff von Senilität einschloß. Jede der Altersgruppen belegte Senilität mit sehr negativen Ausdrücken und bezeichnete sie als einen Zustand körperlichen Verfalls, der Gedächtnisverlust, geistige Unzulänglichkeit, Realitätsverlust und Hilflosigkeit hervorriefe. Außerdem stellten wir fest – und das war höchst interessant –, daß mehr als 65 Prozent aus der Gruppe der Jungen sicher war, daß *sie nicht* senil werden würden, während nur 10 Prozent aus der Gruppe der Alten diese Überzeugung zum Ausdruck brachten. Oder umgekehrt: Volle 90 *Prozent* der älteren Versuchspersonen meinten, es könne sehr wohl sein, daß sie senil würden, obwohl medizinischen Berichten zufolge nur 4 Prozent der über 64jährigen an ernsten Arten von Senilität leiden und weitere 10 Prozent an leichteren Formen.[73]

Wenn wir als junge Menschen Fragen über das Alter beantworten, tun wir das in dem Gefühl, daß wir selbst nie alt werden. Inzwischen bilden wir Einstellungen (*Mindsets*) über die innere Verwandtschaft von schwachen geistigen Leistungen und Alter aus. Wenn wir dann unseres eigenen Alters gewahr werden, wird diese innere Verwandtschaft bedrohlich, und Angst bricht aus. Solche Ängste sind hinderlich und können

---

73 Katzman, P. und T. Carasu: «Differential Diagnosis of Dementia», in *Neurological and Sensory Disorders in the Elderly*, ed. W. S. Fields (Miami, FL: Symposia Specialist Medical Books): 103–104.

alte Menschen davon abhalten, sich auf neue Weise zu entfalten.

Entwicklung im Alter

Die Vorstellung, daß der Prozeß des Alterns und der ihn begleitende körperliche Verfall unvermeidliche Ergebnisse des Verrinnens von Zeit sind, macht uns anfällig für die *Self-fulfilling prophecy* (die sich selbst erfüllende Vorhersage). Es ist sehr schwer, dagegen anzukommen. Wie wir in Kapitel 3 gesehen haben, wird in unserer Kultur die Zeit wesentlich als lineares Phänomen angesehen. Obwohl, wie gesagt, viele neuere Philosophen das lineare Modell von Zeit zugunsten verschiedener anderer Vorstellungen verwerfen, schränkt dieses Modell unsere Auffassung von der menschlichen Entwicklung noch immer ein. Innerhalb dieser Auffassung sehen die meisten von uns das Altern als einen Prozeß an, bei dem der Körper (und damit der Mensch) unausweichlich verschlissen wird, nachdem er in einer früheren Lebensphase seine höchste Leistungsfähigkeit erreicht hatte. Dieser Prozeß gilt jedoch auf dem Niveau der Elementarteilchen oder Energieeinheiten nicht. Auf dem makroskopischen Niveau scheint es eine graduelle Auflösung von Organisation zu Desorganisation zu geben, ein «Älterwerden», wenn Sie so wollen, zumindest in einem geschlossenen System. Wenn wir uns aber die Atome ansehen, aus denen ein Mensch (alt oder jung) besteht, oder ein Baum, oder ein Kissen, so bleiben sie in der Zeit gleich. Verhaltensforschung und Soziologie aber sind noch immer großenteils in einem linearen Begriff von Zeit und einer damit verbundenen Vorstellung universeller Entropie befangen.

Von kognitiven Fähigkeiten sowie psychischer und physischer Gesundheit wird angenommen, daß sie kurvilinear mit

dem Alter verknüpft seien. Nach dieser Anschauung entwik-
kelt sich das Individuum zur Reife und verbringt dann seine
Erwachsenenjahre damit, daß es sich seinen nachlassenden
Fähigkeiten anpaßt. Einige Kulturen nehmen die Zunahme
von Weisheit in ihre Darstellung menschlichen Alterns auf.
Allerdings wird dieses kontinuierliche Wachstum der Weisheit
gewöhnlich als eine Entwicklungsströmung gesehen, die entweder unabhängig ist von dem Prozeß des Niedergangs auf
anderen Gebieten oder als Reaktion darauf auftritt.

In einer möglichen alternativen Sicht des Lebenszyklus besteht der Weg, den wir von der Geburt bis zum Tod gehen, aus
einer Serie von zielgerichteten Mini-Flugbahnen, die relativ
unabhängig voneinander sind. Nach dieser Anschauung hat
die Vergangenheit einen weniger umfassenden Einfluß auf das
Verhalten. Innerhalb jeder einzelnen dieser Flugbahnen kann
der Geist mächtiger sein beim Gestalten der Entwicklung.

Es ist interessant zu sehen, wie selten der Ausdruck *Entwicklung* benutzt wird, um Veränderungen in fortgeschritte-
nem Alter zu beschreiben. Trotz der gegenwärtigen Betonung
der Lebensspannen-Perspektive wird Veränderung in höherem Alter immer noch als *Altern* beschrieben. In gleicher Weise
benutzen wir das Wort *Tag*, obwohl es sich auf eine Spanne von
24 Stunden beziehen könnte, im allgemeinen nur, um die helle-
ren Stunden zu bezeichnen. *Altern* bezieht sich nur auf die
dunklere Seite des Älterwerdens. Um im späteren Leben etwas
zu verändern, muß man gegen alle möglichen Arten von popu-
lären Einstellungen (*Mindsets*) ankämpfen.

Wenn wir uns gedankenlos verhalten, das heißt, uns auf
Kategorien verlassen, die in der Vergangenheit gebildet
wurden, scheinen die Endpunkte für Entwicklung festzuste-
hen. Dann bewegen wir uns wie Geschosse auf einer vorherbe-
stimmten Bahn. Wenn wir aktiv denken, sehen wir die verschiedensten Entscheidungsmöglichkeiten und bringen neue
Endpunkte hervor. Aktiv denkend einbezogen sein in jede Epi-

sode der Entwicklung gestattet es uns eher, unseren Kurs selbst festzulegen.

Der frischgewählte Präsident Franklin D. Roosevelt suchte 1933 den berühmten Bundesrichter Justice Oliver Wendell Holmes (1841–1935) auf und fragte den Älteren, weshalb er (in seinem Alter) Griechisch lernte. «Um meinen Geist zu schulen, junger Mann», antwortete Richter Holmes.

Zu den wenigen Erkenntnissen aus der Hirnphysiologie, die die Aufmerksamkeit vieler Laien erregt hat, gehört die Abnahme der Neuronen ab einem bestimmten Alter. Da wird jedes bißchen Vergeßlichkeit über dreißig dieser Einbuße zur Last gelegt. Dabei ist vielleicht nicht einmal dieses wissenschaftliche «Faktum» absolut gültig. Fernando Nottebohm hat die Neubildung von Neuronen im Gehirn von Kanarienvögeln untersucht.[74] Normalerweise singen bei den Kanarienvögeln nur die Männchen; Nottebohm und seine Kollegen injizierten jetzt einigen Weibchen Testosteron. Sie begannen auch zu singen. Nottebohm folgerte, daß beim Vorhandensein von Testosteron neue Neuronen sich bilden würden, wenn die Vögel Lieder lernten. Er und Steven Goldberg injizierten nun Weibchen entweder Testosteron oder ein neutrales Kontrollmittel. Außerdem injizierten sie ihnen allen eine radioaktive Markiersubstanz, die in die DNS von sich teilenden Zellen aufgenommen wird. Sie wiederholten den Vorgang dreißig Tage lang. Zu ihrer Überraschung entdeckten die Forscher eine starke Zunahme von Neuronen bei beiden Gruppen von Vögeln, also auch bei den Weibchen mit der Kontrollsubstanz, die nicht sangen. Tatsächlich stellten sie fest, daß Neuronen bei ausgewachsenen Vögeln jährlich neu gebildet werden, obwohl Testosteron und das Lernen von Liedern nicht die relevanten Faktoren dabei waren.

74 Kolata, G.: «New Neurons Form in Adulthood», *Science* 224 (1984): 1325–1326.

Andere Forschungen an Säugetieren zeigen die Möglichkeit der Entwicklung des Gehirns im Erwachsenenalter. Zunächst stellten viele Forscher fest, daß die Gehirne der Tiere sich je nach Art der Aufzucht unterschiedlich entwikkeln. Die in einer komplexen Umwelt aufgewachsenen Tiere haben mehr Dendriten als Tiere in Kontrollgruppen.[75] (Dendriten sind die verästelten Zellfortsätze, die den Nervenzellen die Impulse zuleiten.) Noch aufregender ist die Entdeckung, daß eine erweiterte Komplexität der Umwelt im *Erwachsenenalter* die Dicke der Großhirnrinde verändern kann.[76] Physiologie, Chemie und Anatomie des Gehirns sind viel beeinflußbarer als früher angenommen wurde. Trotz der Vermutung, daß Altern ein nicht reversibler Prozeß physiologischen Abbaus ist, können einige Arten geistiger Tätigkeit neues Wachstum im Gewebe hervorrufen.

Die meisten der willkürlichen Grenzen, die wir unserer Entwicklung mit dem Älterwerden setzen, beruhen durch-

75 Fiala, B. A., J. N. Joyce und W. T. Greenough: «Environmental Complexity Modulates Growth of Granule Cell Dendrites in Developing but not Adult Hippocampus of Rats», *Experimental Neurology 59* (1978): 372–383. – Greenough, W. und F. Volkmar: «Patterns of Dendritic Branching in Occipital Cortex of Rats Reared in Complex Environments», *Experimental Neurology 40* (1973): 491–508. – Krech, D., M. R. Rosenzweig und E. L. Bennet: «Relations Between Brain Chemistry and Problem Solving Among Rats Raised in Enriched and Impoverished Environments», *Journal of Comparative and Physiological Psychology 55* (1962): 801–807. – Volkmar, F. und W. Greenough: «Rearing Complexity Effects Branching of Dendrites in the Visual Cortex of the Rat», *Science 176* (1972): 1445–1447. – Cummins, R. A. und R. N. Walsh: «Synaptic Changes in Differentially Reared Mice», *Australian Psychologist 2, Nr. 229* (1976).

76 Rosenzweig, M., E. L. Bennett und M. Diamond: «Brain Changes in Response to Experience», *Scientific American 226, Nr. 2* (1972): 22–29.

aus nicht auf wissenschaftlichen Erkenntnissen. Unsere eigene Vorstellung von Alter, die auf Hunderten von kleinen verfrühten kognitiven Feststellungen basiert, wird das Leben gestalten, das wir selbst im Alter führen werden. Bevor wir besondere Strategien zur Veränderung dieser Vorstellungen untersuchen, sollten wir noch zwei positivere Ansichten über das Alter aus einem früheren Jahrhundert betrachten.

Lytton Strachey beschreibt Königin Viktoria mit Ende Sechzig:

«Das nächste Jahr war das fünfzigste ihrer Regierung, und der hohe Jahrestag wurde im Juni mit feierlichem Pomp begangen. Umgeben von den höchsten Würdenträgern ihres Königreiches und begleitet von einer glänzenden Schar von Königen und Prinzen, fuhr Viktoria durch die von Jubel widerhallende Hauptstadt, um Gott in der Westminsterabtei ihren Dank darzubringen…

Man begrüßte die Königin als die Mutter des Landes und zugleich als das verkörperte Symbol der Weltmacht; und sie beantwortete dieses zweifache Gefühl mit der ganzen Glut ihrer Seele. Sie wußte und fühlte, England und das englische Volk gehörten ihr auf irgendeine wunderbare und gleichwohl ganz einfache Weise. Frohlocken, Liebe, Dankbarkeit, ein tiefes Gefühl der Verpflichtung, ein unbegrenzter Stolz, das waren ihre Empfindungen; und all diesem verlieh noch ein besonderes Empfinden Farbe und Kraft: Endlich, nach so langer Zeit, war das Glück ihr zurückgekehrt, zwar noch nicht in höchster Vollkommenheit, aber nichtsdestoweniger unverkennbar.»[77]

Die Empfindungen, die Strachey hier beschreibt, sind nicht auf diejenigen beschränkt, die das britische Empire regieren.

---

[77] Strachey, L: «Queen Victoria». Deutsch von Hans Reisiger. Berlin 1925.

Der Besuch von Enkelkindern könnte ähnliche Gefühle wekken.

William James' Brief an seinen sterbenden Vater vermittelt die gleiche respektvolle, bewundernde Auffassung von Alter – ein ungeheurer Gegensatz zu den zuvor beschriebenen Einstellungen:

«Inzwischen, mein verehrter alter Vater, schreibe ich diese Zeilen (die Dich erreichen mögen, wenn ich etwa zu spät kommen sollte), um Dir zu sagen, wie mein Herz in den letzten Tagen von den zärtlichsten Erinnerungen und Gefühlen für Dich erfüllt ist. In diesem geheimnisvollen Abgrund Vergangenheit, in den die Gegenwart bald versinken und weiter und weiter zurückreichen wird, bist Du für mich noch immer die entscheidende Gestalt. All mein geistiges Leben leite ich von Dir ab, und obwohl wir oft Schwierigkeiten zu haben schienen, das auszudrücken, bin ich sicher, daß es da eine Harmonie gibt, daß unser Streben eine Einheit bildet. Wie sehr ich in Deiner Schuld stehe, kann ich gar nicht ermessen – so früh, so umfassend, so gleichbleibend war der Einfluß. Um Deinen literarischen Nachlaß brauchst Du Dir keine Sorgen zu machen. Ich werde mich darum kümmern und dafür sorgen, daß Deine Worte nicht verborgen bleiben ...

Was uns angeht, so werden wir in dieser Weise weiterleben – uns ein bißchen schutzlos fühlend, so alt wir auch sind, weil keine väterliche Brust sich als Zuflucht anbietet, aber fest zusammenstehend in gemeinsamem ehrwürdigen Andenken. Wir werden einander und Alice beistehen und versuchen, die Fackel an unsere Nachkommen weiterzureichen, wie Du sie uns reichtest, und ich bete, daß, wenn die Zeit kommt heimzugehen, einige von uns, wenn nicht alle, so bereit sein mögen wie Du.»[78]

78 James, W.: »Letters of William James«, Vol. 1. ed. H. James, Boston 1920.

Wir wissen noch nicht, weshalb manche Menschen aktiv denkend altern, und auch nicht, ob bewundernde Ansichten über alte Menschen von positiven Einstellungen zum Altern abzuleiten sind oder von Aktivem Denken. Wir wissen jedoch, daß Vorbilder wie diese uns allen helfen, ein bißchen besser zu altern.

Alter im Kontext: Ein Experiment

Wenn negative verfrühte kognitive Festlegungen zu ungesunden Vorstellungen vom Alter führen, können wir dann vielleicht auch verfrühte kognitive Festlegungen umgekehrt nutzen, um die Gesundheit zu fördern? Mit einer Gruppe von Doktoranden in Harvard entwarf ich einen Versuch, um diese Frage zu erforschen.[79] Wir versuchten in einer Gruppe von älteren Versuchspersonen einen Bewußtseinszustand hervorzurufen, wie sie ihn zwanzig Jahre vorher erlebt hatten, um festzustellen, ob sie körperlich ebenfalls zu einem jugendlicheren Status zurückfänden. Die Unternehmung konnte als Versuch der Kontext-Kontrolle betrachtet werden. Wir warben ältere Männer an, die sich bereit erklärten zu versuchen, sich in den Kontext einer veränderten Zeit zu versetzen, und uns gestatteten, körperliche und psychologische Messungen vorzunehmen. Diese Männer waren fünfundsiebzig bis achtzig Jahre alt, und wir wollten sie zu dem Bewußtseinsstand ermuntern, den sie mit fünfundfünfzig gehabt hatten. Wir wußten, daß so etwas noch nicht versucht worden war, und daß *jedes* positive Ergebnis von Bedeutung sein würde, weil

79 Langer, E., B. Chanowitz, M. Palmerino, S. Jacobs, M. Rhodes und P. Thayer: «Nonconsequential Development und Aging», in *Higher Stages of Human Development: Perspectives on Adult Growth*, ed. C. Alexander und E. Langer. New York 1988.

das Alter als Einbahnstraße zum «Nicht-mehr-Können» angesehen wird. Nachweisbare körperliche Veränderungen würden bestätigen, daß seelische Faktoren dazu beitragen, wie Menschen älter werden und sich entwickeln. Sie würden außerdem Beweise dafür liefern, daß der Prozeß des Alterns weniger starr verläuft, als die meisten Leute meinen.

Wir prüften unsere Hypothese, indem wir die Auswirkung zweier Erfahrungen miteinander verglichen: Die Teilnehmer der einen Gruppe machten den Versuch, die Person zu *sein*, die sie zwanzig Jahre zuvor gewesen waren; die Teilnehmer der anderen Gruppe konzentrierten sich nur auf die Zeit zwanzig Jahre zuvor. Wir legten die Untersuchung so an, daß beide Gruppen, was die Inhalte anging, mit im wesentlichen ähnlichen Gedanken beschäftigt sein würden. Der Hauptunterschied, der Erklärungen für etwaige Unterschiede in den Ergebnissen bieten konnte, würde der Kontext sein, in dem sich die beiden Versuche abspielten.

Den Kontext für die eigentliche Versuchsgruppe bot die Art, wie die Dinge vor zwanzig Jahren gewesen waren, während für die Kontrollgruppe der Kontext die Gegenwart war. Unsere Aufgabe war, die Versuchsgruppe «in den Kontext» zu bekommen und sie dann zu veranlassen, normal routinemäßig darin zu leben.

Mit einer Zeitungsanzeige suchten wir männliche Versuchspersonen über siebzig. Die mit ordentlicher Gesundheit wurden als Teilnehmer ausgewählt. Wir organisierten einen fünftägigen Aufenthalt in einem Heim auf dem Land, wo sie mit Hilfsmitteln und Anweisungen ermuntert wurden, entweder sich in die Vergangenheit zurückzuversetzen oder die Vergangenheit von der Gegenwart aus zu betrachten. Dementsprechend mußten die Teilnehmer an der ersten Gruppe über die Vergangenheit in der Zeitform der Gegenwart sprechen, während für die andere Gruppe die Unterhaltungen über die Vergangenheit in der Vergangenheitsform abliefen.

Verschiedene Messungen wurden unternommen, einmal, bevor die Versuchswoche tatsächlich begann, und noch einmal am fünften Tag. Einige würden während der Woche wiederholt. Es wurden die Körperkraft, Wahrnehmungsvermögen, Kognition, Geschmack, Gehör und Gesichtsfeld gemessen. Die benutzten Meßtechniken beruhten auf den «biologischen Anzeigern (*markers*)», die von Geriatern empfohlen werden. (Wobei interessanterweise diese führenden Mediziner sagten, es gebe keine eindeutigen Anzeiger.[80])

80 Wir setzten uns mit zwanzig der führenden Medizin-Forscher in Verbindung, deren Spezialgebiet Altersforschung, Herzkrankheiten oder Endokrinologie waren. Jeder erklärte, es gebe keine zuverlässige Messung von Alter. Wir fragten: «Wenn wir einen Fünfzigjährigen in einen Raum setzen, und einen Siebzigjährigen in einen anderen, woran würden Sie erkennen, wer welcher ist?» Buchstäblich jeder Mediziner sagte: «Das wäre außerordentlich schwierig. Den besten Hinweis liefert wohl die äußere Erscheinung. Die einzig mögliche Ausnahme wäre eine Röntgenaufnahme des Skeletts. Die altersabhängigen Veränderungen durch Osteoarthritis, besonders an der Wirbelsäule, sind ziemlich deutlich... Aber diese Veränderungen entsprechen keineswegs proportional dem Alter, sie fangen manchmal schon früh in mittlerem Alter an sich zu entwickeln, machmal erst in hohem Alter.» Ein anderer Mediziner sagte: «Man braucht für jedes Individuum Grundlinien-Messungen.» Einer der gescheitesten dieser Forscher sagte: «Bei der Untersuchung der Variablen, die sich am auffälligsten ändern mit dem Alter (Herz-, Lungen-, Nierenfunktion), trifft man immer mal auf einzelne Alte (über achtzig), die so leistungsfähig sind wie durchschnittliche Dreißigjährige, und es gibt gewöhnlich einzelne Junge, deren Leistung auf dem Niveau der durchschnittlichen Alten liegen.» Das Fehlen von anerkannten Meßmethoden machte es uns schwer, unsere Untersuchung zu planen. Wir einigten uns auf die Messung von Körperfunktionen, die auf jeden Fall irgendwie mit dem Alter zusammenhingen. Es gibt allgemein bekannte Veränderungen des Aussehens mit dem Alter: die Nase wird länger, die Augen scheinen trübe und glanzlos zu werden und oft zu tränen. Die Haut wird runzlig und trocken, und dunkle Flecken, Muttermale oder Warzen können auftreten. Das Haar wird grau oder weiß oder fällt aus.

Dazu gehörte folgendes: Händedruck, Umfang des Deltamuskels, Trizeps-Hautfalte, Fingerlänge, Gewicht, Größe,
Gang und Haltung. Wir maßen die Sehschärfe mit und ohne
Brille und gaben eine Serie von «Labyrinthen» mit Papier
und Bleistift zu lösen auf, die uns Schnelligkeit und Genauigkeit bestimmen ließen. Das visuelle Gedächtnis wurde geprüft, indem die Teilnehmer aufgefordert wurden, eine
Strichzeichnung zehn Sekunden lang anzusehen, dann zehn
Sekunden zu warten, und dann die Figur aus dem Gedächtnis
nachzuzeichnen. Schließlich wurde jeder Teilnehmer gebeten, ein Selbstbewertungsformular (SYMLOG) auszufüllen,
um Werte und Verhalten einzuschätzen.[81]

Wir hatten den für das Experiment ausersehenen Teilnehmern mit der Post ein Päckchen Informationen geschickt, das
das Programm für die Woche enthielt, mit Untersuchungen,
Mahlzeiten, Diskussionen, Abendaktivitäten, allgemeinen
Anweisungen und einem Grundriß, auf dem ihr Zimmer angegeben war; dazu die Bitte an die Teilnehmer, keine Zeitschriften, Zeitungen, Bücher oder Familienfotos mitzubrin-
gen, die jünger als von 1959 waren. Wir hatten außerdem
vorab alle Teilnehmer um Fotos aus der jüngsten Zeit und
von vor zwanzig Jahren gebeten. Die Gruppe, die sich ganz in

Die Schultern hängen. Die Oberarme werden schlaff, die Unterarme
dünner. Die Hände magern ab, die Venen treten deutlich hervor. Ebenso
nimmt die Sehschärfe ab, und die Menschen werden weitsichtiger. Die
Fähigkeit, hohe Töne zu hören, läßt nach, und die Geschmacksknospen
verkümmern. Auf psychischem Gebiet tritt eine Verringerung der Lern-
fähigkeit und der Erinnerungsfähigkeit für neu Erlerntes auf. Der Gang
wird langsamer und die Reaktionszeit länger. Diese Dinge hatten wir im
Kopf, als wir eine Reihe von Messungen entwickelten, um Verbesserungen von körperlichen und geistigen Fähigkeiten als Ergebnis unserer
«Behandlung» zu bestimmen.

81 Bales, R. und S. Cohen: «SYMLOG: A System for Multiple Level
Observation of Groups», New York 1979.

die Vergangenheit zurückversetzen sollte, bekam die Fotos der anderen Teilnehmer, wie sie vor rund zwanzig Jahren ausgesehen hatten, während die Vergleichsgruppe neuere Fotos bekam. Zur Information in dem Päckchen gehörten auch detaillierte Vorschläge, was für Kleidung mitgebracht werden sollte.

Am ersten Tag der Orientierung schrieben die Teilnehmer eine kurze autobiographische Darstellung. Die Anweisung lautete: «Die Biographie sollte vor allem Sie (mit Ihren Vorlieben und Abneigungen, Ihren Tätigkeiten, Beruf, Beziehungen, Freuden, Sorgen usw.) beschreiben, wie Sie vor rund zwanzig Jahren waren. Bitte konzentrieren Sie sich auf 1959. Bitte denken Sie daran, daß es von Wichtigkeit ist, daß Sie exakt sind. Im übrigen beginnen Sie bitte mit dem Tag Ihrer Geburt, und arbeiten Sie sich bis zur Gegenwart vor.» Die Anweisungen waren soweit für beide Gruppen gleich. Die eigentliche Versuchsgruppe wurde jedoch darüber hinaus aufgefordert: «Schreiben (und sprechen) Sie bitte in der *Zeitform der Gegenwart* über die Vergangenheit. Denken Sie daran, daß ‹Gegenwart› 1959 heißt. Nehmen Sie also nichts auf, was nach diesem Datum geschehen ist.» Wir unterstrichen die Bedeutung dieser Anweisungen, bevor das Experiment begann, denn das Sprechen über die Vergangenheit in der Zeitform der Gegenwart würde unsere wichtigste Strategie sein.

Die Teilnehmer kamen früh am ersten Morgen in Harvard an. Nachdem wir sie miteinander bekannt gemacht hatten, wurden sie gebeten, an einem kurzen Treffen zur Orientierung teilzunehmen. Wir teilten ihnen mit, daß ein Ziel unserer Untersuchung von Erinnerung war, Informationen über Menschen Ende Fünfzig zu sammeln; wir nähmen an, daß eine der Möglichkeiten, neue Aufschlüsse über diese Altersgruppe zu bekommen, die sei, ältere Menschen über ihre Erfahrungen zu jener früheren Zeit ihres Lebens zu befragen. Um ihre Erinnerung an ihre persönliche Geschichte zu beleben, sagten wir, wollten wir ähnliche Menschen zusammenbringen.

Während bei einem Teil der Männer die medizinischen Untersuchungen gemacht wurden, wurden die anderen fotografiert. Die Teilnehmer wurden einzeln und zu verschiedenen Zeiten gebeten, ins Nebenzimmer zu gehen und dort einen anderen Fragebogen zu holen. Wenn sie diesen anderen Raum betraten, wurde ihr Gang und ihre Haltung mit einer Videokamera gefilmt.

Nach diesen Vortests wurden die Männer zu letzten Erklärungen vor dem Aufbruch ins Heim zusammengebracht. Die Männer aus der Kontrollgruppe bekamen abermals gesagt, sie möchten sich auf die Vergangenheit konzentrieren. Wir baten sie, einander dabei zu helfen. Wir hätten Grund zu der Annahme, sagten wir, daß die Diskussionen, die wir für sie vorbereitet hätten, zusammen mit den anderen Aktivitäten, die alle in einer wunderschönen Umgebung stattfinden würden, durchaus positive Auswirkungen auf sie haben würden. Sie könnten sehr gut ihr körperliches wie ihr seelisches Wohlbefinden aufbessern. «Sie können sich tatsächlich so gut fühlen wie im Jahr 1959.»

Im Gegensatz dazu unterstrichen die letzten Erklärungen für die eigentliche Versuchsgruppe, daß die beste Art, etwas über die Vergangenheit zu erfahren, vielleicht nicht schlichte Erinnerung wäre. Wir wollten lieber so vollkommen wie möglich im Geist in diese frühere Zeit zurückkehren. «Deshalb fahren wir miteinander in ein wunderschönes Heim, wo wir leben, als hätten wir das Jahr 1959. Das bedeutet natürlich, daß niemand über Dinge reden kann, die erst nach dem September 1959 geschehen sind. Es gehört zu Ihrer Aufgabe, einander dabei zu helfen. Es ist keine leichte Aufgabe, denn wir bitten Sie nicht, ‹so zu tun, als hätten wir 1959›, sondern diejenigen zu *sein*, die Sie 1959 waren. Wir haben Grund zu der Annahme, daß Sie, wenn Sie das mit Erfolg tun, sich so gut fühlen werden wie im Jahr 1959.» Wir machten sie darauf aufmerksam, daß *alle* ihre Handlungen und Gespräche die «Tatsache» spiegeln müßten: Dies ist 1959. «Es mag Ihnen anfangs nicht leichtfallen, aber je schneller Sie sich dem überlassen, desto mehr Freude werden Sie daran haben.» Auch diese Gruppe sollte also positive Resultate von dem Heim erwarten.

Alle Teilnehmer wurden gebeten, die Fotos zu benutzen, die wir ihnen geschickt hatten, um einander kennenzulernen. So hielten denn die Teilnehmer an der Versuchsgruppe Ausschau nach dem jeweils zwanzig Jahre jüngeren Mann im anderen. Dann bestiegen sie den Bus. Im Abfahren erinnerten wir sie daran, daß es 1959 war. Dementsprechend spielte im «Radio» an Bord ein Tonband mit Musik, die in jenem Jahr beliebt gewesen war, und dazwischen kam Werbung für Produkte jener Zeit.

Die Kontrollgruppe, die in der Woche darauf ins Heim fuhr, lauschte dem normalen neueren Radioprogramm.

Das Heim liegt in einem waldbedeckten hügeligen Gelände von rund vier Hektar Größe abseits der Hauptstraße – eine Welt für sich. Da die Männer unterschiedliche ethnische Hintergründe hatten, waren alle religiösen Gegenstände im Heim fortgeräumt worden; was blieb, war ein zeitloser Hintergrund für unsere Untersuchung. Für die Versuchsgruppe hatten wir viele Hilfsmittel mitgebracht, einschließlich *Life* und *The Saturday Evening Post* von einer bestimmten Woche 1959, die wir jedem der Männer ins Zimmer legten. Für die Kontrollgruppe gab es auch alte Zeitschriften, aber aus verschiedenen Jahren in der Vergangenheit, nicht einer bestimmten Woche 1959.

Das Programm bestand zum Teil aus strukturierten Diskussionen, die zweimal täglich durchgeführt wurden. Nach der Diskussion vom Vormittag gab es Lunch, dann eine weitere Diskussion. Nach dem Dinner und der Abendfreizeit folgte eine geplante Gemeinschaftsveranstaltung. In den Diskussionen ging es um genau festgelegte Themen; sie wurden von Gesprächsleitern geleitet, die darauf vorbereitet waren. Jede Diskussion begann mit einer dreiminütigen Tonbandaufnahme über die Vergangenheit, die über ein altes Radiogerät (für die Versuchsgruppe) oder über ein neues Radio (für die Kontrollgruppe) abgespielt wurde. Die Teilnehmer hatten die zu diskutierenden Fragen jeweils am Abend zuvor bekommen. Nach der «Radiosendung» verwickelte der Moderator die Teilnehmer fünfundvierzig Minuten lang in die Diskussionen. Die Versuchsgruppe diskutierte in der Gegenwartsform, die Kontrollgruppe konnte die Vergangenheitsform benutzen. Jedes Thema stand in Zusammenhang mit den Aktivitäten des vorhergehenden Abends, das ergab den Kontext für das Erinnern.

Am ersten Abend wurde ein guter Film von 1959 gezeigt, *Anatomie eines Mordes*. Gleich nach dem Film wurden die Fragen an die Teilnehmer verteilt, die am nächsten Tag diskutiert werden sollten. Auf dem Formular stand: «Zwei von den Filmen, die 1958 für Oscars eingereicht wurden, waren *Tantchen Mame* und *Die Katze auf dem heißen Blechdach*. Welcher von den beiden war besser und warum?»

Die Männer wurden also an dem Vormittag über die Filme befragt. Am Nachmittag, bei der zweiten Diskussion dieses Tages, ging es um den Sport: «Wer, glauben Sie, ist der beste Sportler unter den folgenden, und warum? Bill Russell, Johnny Unitas, Mickey Mantle, Wilt Chamberlain, Floyd Patterson, Ted Williams, Frank Gifford, Bob Cousy, Warren Spahn, Maurice Richard.»

Am Abend gab es ein Quiz; die Männer spielten das alte Spiel «Der Preis stimmt». Wir wollten wissen, ob sie die Preise von 1959 oder die gegenwärtigen Preise für die vorgestellten Artikel nennen würden. Am folgenden Vormittag ging es in der Unterhaltung um Finanzen. Nachmittags hörten sie eine Rede von Präsident Eisenhower und diskutierten dann über Politik. An dem Abend war eine kleine Band zu Gast; darauf folgte am nächsten Morgen eine Diskussion über Musik. Am Nachmittag schließlich sprachen sie über Boulevardkomödien mit Situationskomik, die früher mal im Fernsehen gelaufen waren, wie «I Love Lucy», «The Honeymooners» und «Sergeant Bilko».

Am Spätnachmittag des vierten Tages und am nächsten Morgen wurden all die physischen und psychischen Messungen wieder durchgeführt. Zusätzlich wurde die Reaktionsgeschwindigkeit geprüft; gemessen wurde, wie schnell sich die Männer an Leute erinnerten, die 1959 sehr bekannt gewesen waren. Wir zeigten den Teilnehmern nacheinander zehn Dias, auf denen je eine berühmte Persönlichkeit zu sehen war: Thomas Dewey, Phil Silvers, Jackie Gleason, Groucho Marx, Elvis Presley, Nikita Chruschtschow, Milton Berle, Ethel Merman, Fidel Castro und Douglas MacArthur. Bei jedem Dia sollten die Teilnehmer einen Knopf drücken, sobald sie sich erinnerten, wer die gezeigte Person war. Wenn sich ein Teilnehmer nach zehn Sekunden nicht an die Person auf dem Dia erinnerte, bekam er zehn Sekunden angeschrieben und wurde aufgefordert, sich auf das nächste Dia einzustellen. Sobald sie den Knopf gedrückt hatten, wurden die Teilnehmer gebeten, die Person zu identifizieren. Wir hatten richtig vorausgesagt, daß die Versuchsgruppe schneller und richtiger antworten würde als die Vergleichsgruppe, weil für die erstere diese Berühmtheiten gegenwärtiger wären.

Ebenso wurden am letzten Tag Gang und Haltung der Männer zum Vergleich mit den früheren Aufnahmen auf Videofilm aufgenommen. Auch Diskussionen wurden aufgenommen; wir wollten wissen, wie sich die Teilnahmeaktivität und die Ungezwungenheit der Unterhaltung in der Zeitform der Gegenwart im Laufe der Woche verändert hätten. Die Mahlzeiten wurden gefilmt, um zu dokumentieren, wieviel die Männer aßen und mit wieviel Appetit, und ob sie, was sie brauchten, selbst aus der Küche holten, statt zu warten, bis man es ihnen brächte, und ob sie hinterher abräumten und so weiter.

Die Ergebnisse zerfielen in zwei Kategorien. Einmal waren da die Messungen, bei denen sowohl die Versuchsgruppe als auch die Kontrollgruppe am Ende des Experiments signifikante Verbesserungen im Vergleich mit dem Basisniveau zu Hause, vor Beginn des Experiments, zeigten. Diese Vorher-Nachher-Unterschiede sind bemerkenswert, weil sie im Gegensatz stehen zu dem psychischen und physischen *Verfall*, den wir gewöhnlich mit dem Altern verbinden. Die Kontextveränderung in dieser Studie scheint bei diesen Meßdaten allgemein Fortschritte hervorgerufen zu haben.

Insgesamt sahen die Männer nach dem Experiment rund drei Jahre jünger aus. Unabhängige Sachverständige bewerteten Porträtfotos vom Beginn und dem Ende der Untersuchung. Obwohl Beleuchtung und Abzüge gleich gehalten wurden, sahen die Teilnehmer am Ende der Woche jünger aus. Allgemein hatte sich auch das Gehör gebessert. Fortschritte auf geistigem Gebiet zeigten sich bei beiden Gruppen deutlich in der ständigen Verbesserung von Gedächtnisleistungen während des Versuchs.

Die Männer beider Gruppen aßen tüchtig und nahmen – Glück oder Pech? – im Schnitt in dieser Woche drei Pfund zu. Deltamuskel und Trizeps-Hautfalte wuchsen (obwohl wir hier eine Abnahme erwartet hatten, weil die Menschen doch im allgemeinen weniger schlaffe Haut haben, wenn sie jünger sind). Schließlich hatte die Kraft in den Händen während der Woche bei beiden Gruppen ständig zugenommen. Ab dem zweiten Tag beteiligten sich die Männer am Auftragen der Mahlzeiten und dem Abräumen nach dem Essen. Das war doch etwas anderes als die offensichtliche Abhängigkeit von den Verwandten, die sie zu uns gebracht hatten. Sie funktionierten alle unabhängig, fast von dem Moment an, da sie in dem Heim angekommen waren.

Viele dieser Veränderungen würden sich vielleicht auch einstellen, wenn ältere Männer nur auf Urlaub wären. Wir hatten keine Vergleichsgruppe «auf Urlaub», und wir hatten auch nicht die Mittel, weitere Gruppen in das Heim zu holen, um festzustellen, ob noch andere Faktoren für die Ergebnisse mitverantwortlich waren. Wir wissen nicht, welchen Ursachen genau wir die Veränderungen zuschreiben sollen. Die Teilnehmer aus beiden Gruppen aßen gut und schliefen gut, wahrscheinlich besser als zu Hause. Sie wurden respektvoller behandelt und hatten mehr Verantwortung, als es sonst für ältere Menschen typisch ist. Tatsächlich waren sie von Anfang an in eine Situation versetzt worden, die anders war als alles, was sie in der letzten Zeit erlebt hatten. Als die Vergleichsgruppe in dem Heim ankam, waren zufällig alle Studenten und Wissenschaftler, die bei dem Versuch mitmachten, weg, um irgendwelches Material zu holen, so daß niemand da war, der beim Gepäck der Teilnehmer helfen konnte. Ich schaute auf die Koffer. Ich schaute auf die Teilnehmer und dann wieder auf die Koffer. Niedergeschmettert von der Vorstellung, sie alle selbst hineintragen zu müssen, teilte ich den Männern mit, sie könnten sie entweder in kleinen Etappen auf ihre Zimmer bringen oder sie da auf der Stelle auspacken und den Inhalt notfalls Stück für Stück hinaufbringen. Was auch immer, sie wären selbst für ihr Gepäck verantwortlich. Das war mal etwas anderes, als die Verhätschelung und Versorgtheit, an die sie sich gewöhnt hatten.

Das Wichtigste war vielleicht, daß diese Männer ermuntert wurden, die Kontrolle über ihr Leben zu einem großen Teil selbst in die Hand zu nehmen. Andere Forschungen, über die wir bereits gesprochen haben, lassen vermuten, daß diese Variable tatsächlich bedeutend ist.[82] Älteren Menschen etwas abzuverlangen, wie wir es hier taten, dürfte sehr wohl starken Einfluß dabei gehabt haben, daß wir bei beiden Gruppen viele der Hinfälligkeiten des Alters zurückdrehen konnten.

Unterschiede bei den beiden Gruppen dieses Versuchs reichten von überraschend bis vielsagend. Unsere Messungen der Beweglichkeit der Gelenke und der Fingerlänge erbrachten für die Versuchsgruppe ein signifikant größeres Maß als für die Vergleichsgruppe. Tatsächlich nahm die Fingerlänge bei mehr als einem Drittel in der Versuchsgruppe zu und blieb bei den übrigen gleich, während sie bei einem Drittel der Kontrollgruppe abnahm. Auch die Sitzgröße nahm bei der Versuchsgruppe stärker zu als bei der Kontrollgruppe. Außerdem hatten die Versuchspersonen mehr an Gewicht zugenommen, und die Trizeps-Haut und der Umfang des Deltamuskels hatten sich bei den Versuchsgruppenteilnehmern stärker vergrößert. Bei den Labyrinthen, mit denen wir die manuelle Geschicklichkeit maßen, zeigten sich ebenfalls Unterschiede zwischen den beiden Gruppen. Die Versuchsteilnehmer waren geschickter. Bei ihnen nahmen die Fehler ab, während die durchschnittliche Fehlerzahl bei der Vergleichsgruppe wuchs. Beim Sehschärfetest ohne Brillen hatte sich die Schärfe im rechten Auge bei den Versuchspersonen gebessert, bei der Vergleichsgruppe aber leicht verschlechtert.

Neben diesen körperlichen Veränderungen fanden wir bei unseren Tests Verbesserungen im geistigen Bereich. Die wichtigsten Veränderungen zeigten sich bei den von uns angewandten Intelligenztests (Zahlensymboltest, Substitutionstest). Wieder machte die Versuchsgruppe insgesamt Fortschritte, während die Kontrollgruppe sich eher ver-

82 Langer, E. und J. Rodin: «Effects of Enhanced Personal Responsibility for the Aged». – Rodin, J. und E. Langer: «Long-Term Effects of Control Relevant Intervention».

schlechterte. Über die Hälfte der Versuchsgruppenteilnehmer
verbesserte sich, ein Viertel der Vergleichspersonen schnitt
schlechter ab.

Es gab jedoch bei der Versuchsgruppe nicht nur Verbesserungen. Während die Kontrollgruppe immer größere Freund-
schaftlichkeit und emotionale Ausdrucksfähigkeit entwik-
kelte, bewertete sich die Versuchsgruppe als zunehmend
unfreundlicher. (Das könnte die Tatsache widerspiegeln, daß
die Teilnehmer gewissermaßen härter arbeiten mußten als die
der Vergleichsgruppe, um sich die Orientierung in der Zeit zu
erhalten.)

Alles in allem sind das eindrucksvolle Ergebnisse, wenn
man bedenkt, wie wir alle das Altern betrachten. Veränderungen aller Art, die meisten positiv, wurden bei den Männern festgestellt in einem Alter, wo Zunahme und Entwicklung als zum Stillstand gekommen oder verfallend angesehen
werden.

Als ich kürzlich diese Ergebnisse noch einmal überdachte,
wurde mir klar, daß schon die Gestaltung der Untersuchung
an sich ein Vorurteil gegenüber dem Alter widerspiegelte.
Wieso glaubten wir, daß ein Fünfundsiebzigjähriger gern
wieder in den Fünfzigern wäre? Ein Vierzigjähriger schätzt
seine Erfahrung und sein reifes Bewußtsein. Wir können davon ausgehen, daß er seine gegenwärtige Identität nicht unbedingt aufgeben würde, um wieder zu dem zu werden, der er in
den Zwanzigern war. Ebenso könnte der Fünfundsiebzigjäh-
rige keine Lust haben, völlig in die Welt des Fünfzigjährigen
zurückzukehren, auch wenn die Kraft und Gesundheit jener
früheren Zeit wünschenswert sein mag.

Die Planung unserer Untersuchung ging jedoch nicht nur
von der Hypothese aus, daß der körperliche Zustand eines
Menschen «zurückgedreht» werden könnte, wenn wir das
Denken der Person dahin zurückversetzen könnten, wo es
sich zwanzig Jahre zuvor befand, sondern noch von einer an-

deren Hypothese. Diese Hypothese besagte, daß in beiden Gruppen den Männern ein gewisses Maß an Aktivem Denken abverlangt würde, damit sie an dieser neuen Erfahrung teilnehmen konnten, daß aber von den Versuchsgruppenteilnehmern ein größeres Maß an Aktivem Denken gefordert wurde, weil sie sich an Vorschriften halten mußten, die komplizierter waren als die für die Vergleichsgruppe.

Wenn größerer Einsatz beim Aktiven Denken unsere Ergebnisse bewirkt hatte, dann wäre im Prinzip *jede* intensive geistige Tätigkeit geeignet gewesen, diese Ergebnisse zu erzielen (zum Beispiel, eine Oper zu komponieren, wie es Verdi in seinen Siebzigern tat). In jedem Fall, besonders in Anbetracht der angeführten früheren Forschungen, ist der Hauptpunkt der, daß einige der objektiv gemessenen, «irreversiblen» Symptome des Alterns infolge psychologischer Einwirkung verändert worden waren.[83]

Die normalen, «irreversiblen» Zyklen des Alterns, wie wir sie auf den späteren Stufen des Menschenlebens beobachten, könnten das *Produkt* gewisser Postulate darüber sein, wie man angeblich altert. Wenn wir uns nicht genötigt fühlten, diese einschränkenden Einstellungen (*Mindsets*) umzusetzen, hätten wir vielleicht bessere Chancen, die Jahre des Verfalls durch Jahre der Zunahme und Entwicklung zu ersetzen.

83 Die beschränkten Mittel machten eine Folgeuntersuchung unmöglich. Man darf aber von einer Rückkehr zum niedrigeren Niveau von Fähigkeiten mit der Rückkehr zu einem Leben im Kontext schwacher Leistungserwartung ausgehen.

Kapitel 7
Kreative Ungewißheit

«Es gibt eine alte Geschichte von zwei Männern, die in
einem Zug fuhren. Einer von ihnen sah einige kahl aus-
sehende Schafe auf der Weide und sagte: ‹Die Schafe
wurden gerade geschoren.› Der andere schaute einen
Augenblick länger hinaus und sagte dann: ‹So erscheint
es tatsächlich – von dieser Seite aus.› Mit solchem Vorbe-
halt sollten wir sagen, was wir über die Tätigkeit des Be-
wußtseins mitteilen wollen.»

John Holt. *Wie Kinder lernen*[84]

Hätte der reiche Fremde in Kapitel 2, der ein Stück Holz von
etwa ein mal zwei Meter Größe brauchte, einfach seine eigene
Tür ausgehängt, würden Beobachter der Scavengerjagd vielleicht gedacht haben: «Was für eine kreative Lösung.» Viele,
wenn nicht alle Eigenschaften, die zur Haltung des Aktiven
Denkens gehören, sind typisch für kreative Menschen. Diejenigen die sich von alten Einstellungen befreien können (wie
der Mann im Zug), die sich für neue Informationen und
Überraschungen öffnen können, mit Perspektiven und Kontexten spielen und sich mehr auf den Prozeß als auf das Ergebnis konzentrieren, sind höchstwahrscheinlich kreative
Menschen, egal ob sie Wissenschaftler oder Künstler oder
Köche sind.

84 Holt, J.: «Wie Kinder lernen». Deutsch von Werner Gußmann.
Weinheim 1979.

Aktives Denken und Intuition

Wenn von Kreativität die Rede ist, tauchen die Eigenschaften des Aktiven Denkens oft unter anderem Namen auf. Dem der Intuition zum Beispiel. Ein Wissenschaftler, der mit Intuition arbeitet, kann sich wahrscheinlich von alten Einstellungen (*Mindsets*) und Kategorien befreien oder die Bedeutung eines überraschenden Ergebnisses erkennen.

Genauso wie es leichter ist, das Aktive Denken zu fassen, wenn man zunächst das Gegenteil beschreibt, so definiert man Intuition am einfachsten, indem man sie Vernunftdenken und Logik gegenüberstellt. «Mit Logik beweisen wir. Mit Intuition entdecken wir», sagte der Mathematiker Henri Poincaré.[85] Wenn wir uns rational mit der Welt auseinandersetzen, halten wir sie mit Hilfe von Kategorien, die wir in der Vergangenheit gebildet haben, konstant. Durch Intuition andererseits begreifen wir die Welt als Ganzes, als im Fluß befindlich.

Stellen Sie sich vor, Sie wollen einen Bach beschreiben. Ein fließender Bach ist nie derselbe. Neues Wasser strömt dahin und arbeitet an den Ufern. Von einem Moment zum nächsten ist es ein anderer Bach. Um von einem Bach überhaupt sprechen zu können, müssen wir eine beständige Vorstellung suchen. Um irgend etwas rational zu tun mit Bezug auf den Bach, müssen wir ihn als gleichbleibend denken, ihn behandeln, als bleibe er derselbe. Sprache und rationale Prozesse müssen beide die Erfahrung unveränderlich halten. Um sich rational zu verhalten, benutzt man in der Vergangenheit gebildete Kategorien. «Treffen wir uns an dem Bach, an dem wir gestern waren.» Wir können ihn kartographieren, wie er heute ist, seine Säure an einem bestimmten Punkt messen.

85 Poincaré, H.: «Intuition and Logic Mathematics», *Mathematics Teacher* 62, Nr. 3 (1969): 205–212.

Jedesmal behandeln wir ihn, als wäre er derselbe Bach. Ein
Maler oder Dichter jedoch würde ihn vielleicht nicht unbe-
weglich haben wollen, sondern einfach den dynamischen
Charakter des Baches erfahren, an ihm sitzen und sich seinem
«Bachsein» öffnen wollen. Ein solches Herangehen nennen
wir aktiv denkend oder intuitiv; es umgeht alte Kategorien
und rationale Urteile. Die Tänzerin Isadora Duncan, deren
Kunst per definitionem Bewegung und Veränderung ist,
sagte: «Könnte ich Ihnen sagen, was es bedeutet, dann be-
stünde kein Anlaß, es zu tanzen.»[86]

Aus einer intuitiven Erfahrung der Welt entsteht ein ständiger Fluß von neuen Unterscheidungen. Ein rein rationales
Verständnis hingegen dient dazu, alte Einstellungen (*Mindsets*), starre Kategorien zu bestätigen. Künstler, die doch in
derselben Welt wie wir anderen leben, hüten sich vor diesen
Einstellungen, um uns die Dinge anders sehen zu lassen.
Kürzlich hörte ich einen Vortrag des Fotografen Joel Meyerowitz. Zu meiner Überraschung ging es in seinem Vortrag um
das Aktive Denken. Er nannte es nicht so, aber für mich war
seine Rede eine Lektion zum Thema, wie man sich für Erfahrungen offen hält. Als er über das Meer sprach und beschrieb,
wie das Licht auf die Innenseite der Wellen trifft, wenn sie ins
Meer zurückschwappen, zerbrach meine alte Kategorie
«Welle» zu einem Haufen von neuen Impressionen. Ich ging
an den Strand und schaute nach allen möglichen Arten von
Wellen, Wellenteilen und Wellenmustern aus.

Meyerowitz gab auch eine Beschreibung der Fotoama-
teure, die sich in Scharen am Grand Canyon versammeln.
Wenn sie am Rand dieser berühmten Sehenswürdigkeit an-
kommen, latschen sie herum und suchen nach einem Schild,
auf dem steht: «Hier knipsen.» Mit einem vorgefaßten Bild

---

86 Duncan, I., zitiert nach Bateson, G.: «Ökologie des Geistes»,
deutsch von Hans-Günter Holl. Frankfurt/M. 1981.

mit dem Titel GRAND CANYON im Kopf, das sie blind macht für das, was da unten liegt, suchen sie nach der einen, einzig «richtigen» Stelle zum Fotografieren. Indem er seine Zuhörer darauf aufmerksam machte, daß es einen solchen Punkt nicht gibt und sie statt dessen nach dem Ausschau halten sollten, was für sie selbst Bedeutung hat, ermunterte Meyerowitz sie zur aktiv denkenden Annäherung, und das nicht nur in bezug auf Fotografie.

Wenn wir uns auf nur eine Sache einstellen oder auf eine bestimmte Art, etwas zu tun, wie sie gedankenlos in der Vergangenheit fixiert wurde, schließen wir die Intuition aus und lassen uns viel von der Welt der Gegenwart um uns herum entgehen. Wenn Archimedes nur darauf eingestellt gewesen wäre, ein Bad zu nehmen, hätte er vermutlich die Sache mit der Wasserverdrängung nicht entdeckt. Indem wir uns von Einstellungen, auch nur für Augenblicke, freihalten, bleiben wir offen und sehen klarer und tiefer:

> While with an eye made quiet by the power
> Da wir mit einem Aug, das von der Macht
>
> of harmony, and the deep power of joy,
> des Einklangs und der Freude tief gestillt,
>
> we see into the life of things.[87]
> ins Sein der Dinge schauen.

In diesen Zeilen aus *Tintern Abbey* spiegelt Wordsworths stilles Auge eine andere Eigenschaft, die Intuition und Aktives Denken miteinander verbindet. Sie sind beide relativ mühelos. Beide erreicht man, indem man dem schwerfälligen einseitigen Streben des gewöhnlichen Lebens ausweicht.

Auch Bach sprach von dem mühelosen Fließen musikali-

---

87 Wordsworth, W.: «Gedichte», deutsch von Wolfgang Breitwieser. Heidelberg 1959.

scher Ideen. «Auf die Frage, woher er seine Melodien nehme, antwortete er: ‹Das Problem ist nicht, sie zu finden; es ist vielmehr, nicht auf sie zu treten, wenn man morgens aufwacht und aus dem Bett steigt.›»[88]

In einem intuitiven oder aktiv denkenden Zustand läßt man neue Informationen wie neue Melodien ins Bewußtsein dringen. Diese neuen Informationen können voller Überraschungen sein und müssen nicht unbedingt «Hand und Fuß» haben. Wenn wir uns widersetzen und sie auf rationaler Basis bewerten, können wir eine lebenswichtige Botschaft unterdrücken. Im Herbst 1941, während der deutschen Luftangriffe, soll Churchill nachts oft im Dienstwagen hinausgefahren sein, um Flak-Batterien zu besuchen. Eines Nachts wollte er eine Stellung verlassen, und ein Adjutant öffnete schon die hintere Tür auf der einen Seite des Wagens. Churchill aber ging um den Wagen herum und stieg auf der anderen Seite ein. Kurz darauf schlug eine Bombe ein, die den Wagen fast umwarf. «Es muß mein Gewicht auf dieser Seite gewesen sein, das den Wagen am Boden gehalten hat», sagte Churchill. Als seine Frau fragte, warum er beschlossen hätte, auf der anderen Seite des Wagens einzusteigen, antwortete Churchill: «Bevor ich die Wagentür erreichte, die man mir aufhielt, sagte irgend etwas zu mir: ‹Halt! Setz dich auf die andere Seite› – und das habe ich dann ja auch getan.»[89]

Wir wissen nicht, ob solche Ereignisse auf Intuition beruhen – einer Anpassung an eine Information, die das bewußte Denken nicht bemerkt –, oder nur auf Zufall. Achtung vor der Intuition und vor Informationen, die uns vielleicht auf unerklärbare Weise erreichen, ist jedenfalls ein wichtiger Bestandteil jeder kreativen Tätigkeit. «Wenn der Mensch seine

---

88 Goldberg, Ph.: «Die Kraft der Intuition», deutsch von Erwin Schuhmacher. Berlin 1985.

89 Zitiert nach Goldberg, a.a.O.

Fähigkeiten voll ausnutzen will, mit dem Vertrauen, das seiner Leistungsfähigkeit entspricht, dann hat er keine andere Alternative, als die Wichtigkeit und Leistungsfähigkeit intuitiver Methoden für alle Forschungsbereiche anzuerkennen – sei es für die Literatur, die Mathematik oder die Linguistik.»[90]

Kreativität und «flexibles» Lernen

In Kapitel 3 haben wir gesehen: wenn wir Fakten als absolute Wahrheit lehren, kann das zu Gedankenlosigkeit führen. Ein großer Teil meiner Forschungen ist der erfreulicheren Seite dieses Phänomens gewidmet: Der Ermunterung zu Kreativität durch Unterrichtung über Fakten auf «flexible» Art und Weise (*in a conditional manner*). In den meisten Ausbildungszusammenhängen werden die «Fakten» dieser Welt als absolute, unbedingte Wahrheiten dargestellt, obwohl sie besser als Aussagen der Wahrscheinlichkeit gesehen würden, die für den einen Kontext gelten, für einen anderen nicht. Was geschieht, wenn wir solche Ungewißheit zulassen? Wird uns die unsichere Information später, wenn sich der Kontext geändert hat, leichter zugänglich sein?

Alison Piper und ich führten ein paar Experimente durch, um diese Frage zu untersuchen.[91] Wir zeigten eine Auswahl ganz verschiedener Gegenstände und benannten sie gegenüber der einen Gruppe von Versuchspersonen normal, absolut (*unconditional*), einer anderen Gruppe jedoch in flexibler oder relativer (*conditional*) Form. Zum Beispiel sagten wir zu der ersten Gruppe, «Dies ist ein Haartrockner», «Dies ist

---

90 Bruner, J. S.: «Relevanz der Erziehung», deutsch von Helene und Hartmut Walther. Ravensburg 1973.
91 Langer, E. und A. Piper: «The Prevention of Mindlessness», *Journal of Personality and Social Psychology 53* (1987): 280–287.

eine Verlängerungsschnur», «Dies ist ein Kauknochen für Hunde». Bei der anderen, der «flexiblen» Gruppe sagten wir «könnte» dazu: «Dieses könnte ein Haartrockner sein.» Damit unterstellten wir, daß man diesen Gegenstand auch anders interpretieren konnte. Nachdem wir alle Gegenstände vorgestellt hatten, gaben wir den Versuchspersonen Formulare auszufüllen. Bei den Anweisungen machten wir absichtlich ein paar Fehler. Dann teilten wir mit, daß wir die Untersuchung nicht zu Ende führen könnten, weil die Formulare falsch ausgefüllt wären und wir keine weiteren Formulare hätten. Damit schufen wir das dringende Bedürfnis nach einem Radiergummi, mit dem der Fehler korrigiert werden konnte.

Da der Kauknochen für Hunde ein nach nichts Bekanntem aussehendes Stück sauberen Gummis war, eignete er sich sehr gut. Aber nur diejenigen Versuchspersonen, denen wir das Spielzeug in flexibler Form vorgestellt hatten, kamen auf die Idee, es auf diese neue Weise zum Radieren zu benutzen.

Was geht im Kopf der Menschen vor, wenn sie hören, «Dies könnte das und das ... sein»? Lernen sie dann wirklich flexibel denken? Oder meinen sie, «könnte» bedeutete nur: «Ich weiß nicht, was es *ist*, aber vielleicht ist es das und das»? Stellen Sie sich vor, Sie lesen eine Zeitung und spritzen ein Tröpfchen Kakao darauf, so daß ein Buchstabe unleserlich wird (es könnte ein r oder ein n sein): die Auswahl ist nicht unbegrenzt. Wenn es das ist, was da abläuft, wenn die Leute also immer noch vorgefaßte Meinungen von der Identität des Gegenstands haben, dann sagt uns unser Experiment, so interessant es sein mag, doch nicht eindeutig, wie man eine dauerhafte Art von Aktivem Denken fördern könnte. Das Experiment zeigte, daß Unsicherheit zu kreativeren Lösungen führt als Sicherheit, nicht aber, ob die Personen irgendwie unsicher bleiben würden. Um diese Möglichkeit zu testen, unternahmen wir noch eine ähnliche Untersuchung, aber mit zwei wichtigen Erweiterungen.

Erstens fügten wir den zwei Gruppen von Versuchspersonen, denen wir die Gegenstände in entweder flexibler Form oder aber in absoluter Form vorgestellt hatten, eine dritte Gruppe hinzu, die wir als «zeitweilig flexible» Gruppe bezeichnen können. Wir stellten ihnen die Gegenstände vor, indem wir sagten: «Ich weiß nicht, was das *ist*, aber es könnte sein...» Zweitens weckten wir, nachdem wir ein Bedürfnis geschaffen hatten, das einer der Gegenstände befriedigen konnte, ein zweites Bedürfnis. Wenn die Menschen auf echt flexible Weise etwas über unvertraute Dinge lernen konnten, würden sie vielleicht mehrere verschiedene Anwendungsmöglichkeiten für den Gegenstand entdecken. Zum Beispiel wurde ein anderer Gegenstand aus Gummi, ein Spülkasten-Schwimmer, erst als Ball und dann als Radiergummi benutzt. Die Gruppe, der wir gesagt hatten, «Ich weiß nicht, was das *ist*, aber es könnte ein Schwimmer für einen Spülkasten sein», kam auf den Gedanken, den Gummigegenstand als Ball zu benutzen, aber als die Teilnehmer ihn erst mal als Ball betrachteten, taten die meisten das absolut. Das heißt, die Identität des Gegenstandes war eine absolute geworden. Sie dachten nicht daran, ihn auf eine andere, neue Art zu benutzen. Natürlich tat das auch die absolute Gruppe (die Ist-Gruppe) nicht.

Die Ergebnisse bei der Gruppe, die den Gegenstand auf ausschließlich flexible Weise kennengelernt hatte, stützten jedoch unsere Vorhersage. Mindestens doppelt so viele Personen in dieser Gruppe als in jeder der beiden anderen Gruppen hatten eine Idee, wie man auch das zweite Bedürfnis befriedigen könnte. Als hätte diese Gruppe erkannt, daß Leute Anwendungsmöglichkeiten für Gegenstände erst schaffen. Die Anwendungsmöglichkeit steckt nicht unabhängig von denen, die ihn benutzen, im Gegenstand. Die erfolgreiche Benutzung eines Gegenstandes hängt von dem Kontext seiner Nutzung ab. (Nebenbei gesagt: Es ist interessant, sich klarzumachen, daß Preise mit der Anwendung zusammen entwickelt werden. Wenn ein Stück ungegerbtes Leder oder ein Stück Gummi zum Kauknochen für Hunde werden, steigt der Preis.)

Stellen Sie dieses flexible Lernen der Art gegenüber, wie wir gewöhnlich lernen. Nehmen Sie eine Orangensaftdose, waschen Sie sie gut aus, so daß keine Spur von Saft mehr darin ist. Überkleben Sie sie mit farbigem Papier und stellen Sie Ihre Bleistifte hinein. Für manche Leute ist das noch immer eine Orangensaftdose, die als Bleistiftständer benutzt wird. Für die in flexiblem Lernen Geübten wäre sie in dem neuen Kontext mehr Bleistiftständer als Saftdose und könnte morgen eine Vase sein.

Unsicherheit ist für manche Menschen selbstverständlicher als für andere. Denken Sie an jemanden mit Dyslexie – einer Lesestörung –, für den die Wahrnehmung oft verzerrt ist. Er ist zum Beispiel nie ganz sicher, ob das *d*, das er in einem gedruckten Text sieht, wirklich ein *d* ist oder nicht doch ein *b*. Wer auf diese Weise unsicher ist, ist vielleicht weniger in Gefahr, die Welt als gegeben anzusehen und gedankenlos mit ihr umzugehen. Um das zu ergründen, führten wir dieselbe Flexibel-Absolut-Untersuchung noch einmal durch, aber jetzt mit dyslektischen Studenten einerseits und einer Kontrollgruppe von nicht-dyslektischen Studenten andererseits. Einer Hälfte jeder Gruppe wurden die obenbeschriebenen Gegenstände flexibel vorgestellt, der anderen nicht.

Abermals bekamen wir von der «normalen» flexiblen Gruppe kreativere, aktiv gedachte Resultate als von der «normalen» absoluten Gruppe. Das Interessante war jedoch, daß die Dyslektiker selbst in der ausdrücklich absoluten Lernsituation eher zum Aktiven Denken neigten.[92] Natürlich

92 Langer, E., A. Piper und J. Friedus: «Preventing Mindlessness: A Positive Side of Dyslexia», Harvard 1986.

zeigte dieser Versuch nur eine Art der flexiblen Unterrichtung.

Teresa Amabile untersuchte Kreativität bei einer Gruppe von Vorschulkindern.[93] Die Kinder wurden aufgefordert, Collagen zu kleben. Sie waren nach dem Zufall auf zwei Gruppen verteilt worden: in einer Gruppe wurden die Kinder ermuntert, sich ihr Material selbst auszusuchen, in der anderen Gruppe wurde ihnen das Material vom Versuchsleiter vorgegeben. Als sie fertig waren, stellten Fachleute, die nicht wußten, wer wer war, fest, daß die Collagen jener Kinder, die sich ihre Materialien selbst ausgesucht hatten, die kreativeren Arbeiten waren.

Diese Ergebnisse kann man auf mindestens zwei Arten erklären. Zum einen läßt uns die eigene Entscheidung eher fühlen, daß wir verantwortlich sind; die Kinder, die die Wahl hatten, könnten sich mehr interessiert und mehr bemüht haben. Material auszuwählen, Vergleiche anzustellen, zwingt uns auch, aktiv denkend Unterscheidungen zu treffen. Es ermuntert zu flexiblen Anschauungen, zu einem Gefühl für Möglichkeiten. Zum Beispiel würde das Kind bei der Wahl zwischen zwei Farben eher darüber nachdenken, was man mit einer Farbe machen kann, als wenn es Farben nur vorgegeben bekommt. Auf diese Weise fördert die Wahl das Aktive Denken.

Man kann auf sehr viel flexiblere Art und Weise unterrichten, als indem man nur die Wahl der Materialien bietet. Im allgemeinen bekommen Kinder beigebracht: «Dies ist ein Schreibstift», «dies ist eine Rose», «das ist ein Auto». Es wird angenommen, daß ein Stift als Stift erkannt werden muß, damit der Mensch schreiben kann. Es wird auch als für das Kind nützlich angesehen, wenn es die Kategorie «Stift»

bildet. Aber stellen Sie sich die Alternative vor: Was geschieht, wenn wir dem Kind beibringen, «Das hier *könnte* ein
Schreibstift sein»? Diese flexibel gehaltene Aussage, so einfach sie zu sein scheint, ist eine radikale Abkehr von der Information «Dies *ist* ein Schreibstift». Was wäre, wenn wir einem
Kind eine Reihe von gewöhnlichen Haushaltsgegenständen
auf flexible Weise zeigten: «Das hier *könnte* ein Schraubenzieher, eine Gabel, ein Bettuch, ein Vergrößerungsglas sein»?
Würde dieses Kind nicht auf der einsamen Insel eher überleben können (wo Gabel und Schraubenzieher als Heringe für
das Bettuch-Zelt an einem Lagerfeuer dienen würden, das mit
Hilfe des Vergrößerungsglases entzündet wurde)? Oder stellen Sie sich vor, wie eine Scheidung auf ein Kind wirkt, dem
man beigebracht hat: «Zu einer Familie gehören Mutter, Vater und Kind», statt: «Zu einer Familie können gehören…»
   Manch einer wird vielleicht anführen, daß man Kinder ver-
unsichert, wenn man sie in flexibler Weise über die Welt unterrichtet. Diese Annahme beruht aber wohl auf einem fehlerhaften Vergleich. Wenn die Welt unveränderlich wäre und
wir Unveränderlichkeit lehrten, könnte das tatsächlich besser
sein als flexibles Lehren. Der angemessene Vergleich aber
liegt zwischen dem Unterrichten durch Absoluta, wenn die
«Fakten» flexibel sind, und dem Unterrichten auf flexible
Weise, wenn die «Fakten» flexibel sind. Werden aus Kindern,
denen man beigebracht hat, «Es hängt davon ab…», verunsi-
cherte Erwachsene? Oder werden sie in einer Welt des Wan-
dels zuversichtlichere Erwachsene als die mit Absoluta erzo-
genen?
   Seit meiner Kindheit kenne ich Thunfischsalat. Es kam mir,
einer New-Yorkerin der Mittelklasse, jedoch, bis ich in den
Zwanzigern war, nie in den Sinn, daß Thunfisch ein Fisch wie
andere war, mit dem Namen Thunfisch als Etikett. Es kam
mir nicht in den Sinn, daß man irgendeinen anderen Fisch
statt dessen hätte nehmen, daß man Goldmakrelensalat oder

Schwertfischsalat hätte zubereiten können. Zugegeben, wenn man mich gefragt hätte, auf welche Art man Goldmakrelen zubereiten kann, wäre mir vielleicht auch Goldmakrelensalat eingefallen. Aber als ich zum erstenmal Fischsalat vorgesetzt bekam, der nicht aus Thunfisch war, war ich nicht nur überrascht, sondern kam mir auch dämlich vor, weil ich mir nie klargemacht hatte, daß Thunfisch nur einer von vielen Fischen ist. Mir wurde auch deutlich, wie stark diese Einstellungen (*Mindsets*) sind. Selbst bei den unbedeutendsten und normalsten Kleinigkeiten sind wir eingesperrt durch die absoluten Methoden, mit denen wir in der Kindheit lernen. (Ich möchte wissen, was ich alles wüßte, wenn ich nur auf die Idee käme zu fragen!)

Wir eignen uns Regeln an, bevor wir eine Chance haben, sie in Frage zu stellen. Heißt es: «Den Schnupfen nähren und das Fieber aushungern» (*feed a cold and starve a fever*) oder «Den Schnupfen aushungern und das Fieber nähren» (*starve a cold and feed a fever*)? Ich habe gehört, wie Erwachsene heftig über diese Frage diskutierten, ohne darüber nachzudenken, wie diese Redensart entstanden sein könnte oder was die medizinische Wissenschaft heute dazu zu sagen hätte. Wenn man etwas absolut lernt, muß es auch absolut richtig sein. (In diesem Fall könnten beide Formen richtig sein, wenn die ursprüngliche Bedeutung diese war: «Wenn man einen Schnupfen nährt, hungert man das Fieber aus» oder: «Wenn man einen Schnupfen aushungert, nährt man das Fieber.»)

Eine verblüffende, wenn auch noch zaghafte Verknüpfung von Kreativität und einem gewissen Maß an Unsicherheit bei Erfahrungen in frühem Kindesalter findet sich in der berühmten Untersuchung über die Unterschiede zwischen Kreativität und Intelligenz von 1961. Jacob Getzels und Philip Jackson unterzogen eine Gruppe von Schulkindern einem herkömmlichen Intelligenztest und dann einem anderen Test, mit dem die Kreativität gemessen werden sollte.[94] Bei dem letzteren wurden fünf Arten von Fähigkeiten gemessen: 1. Wortassoziationen – die Schüler sollten so viele Definitionen wie möglich zu gebräuchlichen Reizwörtern geben (etwa: *rennen, bellen*). – 2. Verwendungsmöglichkeiten finden – auf wie viele Arten kann man einen Ziegelstein benutzen, zum Beispiel: als Fußwärmer, als Waffe, als Briefbeschwerer, zum Bauen, als Stufe, für Bücherregale, als Auflage- und Drehpunkt, als Lieferant für roten Puder. – 3. Verborgene Formen in komplexen geometrischen Formen suchen. – 4. Geschichten: die Schüler wurden gebeten, für vier Märchen je einen «moralistischen», einen «humoristischen», einen «traurigen» Schluß zu liefern. – 5. Aufgaben entwickeln: die Schüler sollten so viele Mathematikaufgaben wie lösbar waren aus Informationen entwickeln, die ihnen in schriftlicher Form mitgeteilt wurden. Der Erfolg bei diesen Punkten wurde gemessen nach der Zahl, der Neuheit und der Verschiedenartigkeit der Antworten. (Die Vorteile einer *Conditional education* für diese Art von Tests dürften klarsein.)

Getzels und Jackson verglichen dann den familiären Hintergrund derjenigen, die bei dem Kreativitätstest am besten abgeschnitten hatten, mit dem derjenigen, die den höchsten Intelligenzquotienten hatten. Sie stellten fest, daß die Eltern der Schüler mit hohem IQ eher höhere Bildung hatten. Die Mütter in dieser Gruppe neigten dazu, wenn sie Beschreibungen von sich selbst gaben, stereotyper zu sein, klassenbewußter, und sich mehr Gedanken um finanziellen Status und Sicherheit zu machen. In der Terminologie unserer Diskussion über Aktives Denken: Diese Mütter schienen von strengeren Einstellungen (*more rigid mindsets*) abhängig zu sein. Die

94 Getzels, J. W. und P. Jackson: «Family Environment and Cognitive Style: A Study of the Sources of Highly Intelligent and Highly Creative Adolescents», *American Sociological Review* 26: 351–359.

Mütter sehr kreativer Versuchspersonen beschrieben ihre Familien eher umfassender und mit empfindsameren Ausdrükken, benutzten eher abgerundete Schilderungen und schienen sich persönlich viel weniger Sorgen um finanzielle Dinge zu machen, wie immer die auch in ihrem Leben aussahen. Besonders interessant im Sinne unserer Erörterung von Kreativität und flexiblem Lernen ist die Beobachtung der Forscher, daß die Mütter der besonders kreativen Schüler viel mehr Unsicherheit gegenüber ihrer eigenen Art der Kindererziehung zeigten.

Diese Studie von Getzels und Jackson legt ein Junktim zwischen Intelligenz nach IQ-Messungen und Angepaßtheit an die Normen der Kultur und ihre Institutionen nahe: Familie, Schule, Beruf und so weiter. Der Hintergrund der kreativeren Schüler schien mehr Unabhängigkeit, Abweichung zuzulassen. Einige der kreativsten wurden sogar als regelrechte Nonkonformisten beschrieben. Diese Beobachtung wird erhärtet durch unsere in Kapitel 8 beschriebene Untersuchung von Aktivem Denken und Devianz.

Erst im College stoßen wir auf Unterricht in flexibler Art und Weise. Wir lernen etwas über *Theorien, Modelle, Hypothesen*, nicht nur über «Fakten». Theorien und dergleichen sind *implicite* flexibel und *explicite* Ausdruck von Unsicherheit, zumindest in dem Augenblick und *per definitionem*. Später können sie zu Gesetzen werden. Trotzdem haben wir festgestellt, daß ein theoretisches Modell, wenn es als absolut gültig dargestellt wird, auch absolut angenommen wird, und die Studenten gehen unflexibel damit um.

1986 untersuchten Jennifer Joss und ich, welche Auswirkung auf die Studenten es hatte, wenn wir eine Theorie absolut oder flexibel vorstellten.[95] Studienanfänger in Harvard und Stanford bekamen ein Vorlesungsskript über Stadtpla-

95 Langer, E. und J. Joss, beschrieben in: Langer, E., M. Hatem, J.

nung. Es ging darum, wie städtische Bezirke entstehen. Die Unterrichtseinheit war für drei Zufallsgruppen von Studenten in drei Fassungen geschrieben: 1. in absoluter Ausdrucksweise; 2. in flexibler Form, mit Ausdrücken wie «könnte sein» und «ist vielleicht»; 3. in absoluter Ausdrucksweise, aber *eingeführt* als «ein mögliches Modell» für Stadtteilentwicklung.

Alle Versuchspersonen wurden gebeten, den Text zu lesen und sich danach prüfen zu lassen. Zur Prüfung gehörten zunächst einige Fragen, die sicherstellen sollten, daß alle drei Gruppen dieselben Informationen bekommen hatten. Es war wichtig, daß eindeutig feststand, daß die eventuellen Unterschiede Ergebnisse der Art waren, wie die Information verarbeitet worden war, und nicht vom Inhalt abhingen. Im übrigen wurde die Fähigkeit der Studenten gemessen, die gelieferten Informationen zu nutzen. Und abermals waren die Gruppen, die die Information in absoluter Ausdrucksweise bekommen hatten, weniger in der Lage, sie kreativ anzuwenden. Sie hatten nicht aktiv genug nachgedacht, um zu merken, wenn ein konstruierter Fall überhaupt nicht zu dem Modell paßte. Selbst die dritte Gruppe (der der Inhalt der Lektion deutlich als bedingt vorgestellt worden war – «ein mögliches Modell» –, bei der nur die Ausdrucksweise dann absolut war) war weniger in der Lage, die Information spontan zu nutzen.[96]

Joss und M. Howell: «The Mindful Consequences of Teaching Uncertainty for Elementary School and College Students», Harvard 1988.

96 Weitere Bestätigung des Wertes des flexiblen Lernens findet man bei Salomon, G. und T. Globerson: «Skill May Not Be Enough: The Role of Mindfulness in Learning and Transfer», *International Journal of Educational Research* (1987) 11: 623–627. – Salomon, G. und D. Perkins: «Rocky Roads to Transfer: Rethinking Mechanisms of a Neglected Phenomenon», *Educational Researcher*, April 1989.

Das Ersticken von Kreativität durch absolutes Lehren wird bei Studenten von den meisten Lehrbüchern noch verschlimmert. Wissenschaftliche Untersuchungen sprechen nur von Wahrscheinlichkeiten, nicht von absoluten Fakten. Aber diese wahrscheinlichen Daten und Informationen, die nur unter bestimmten Bedingungen richtig sind, werden in den Lehrbüchern dann doch dargestellt, als wären sie gesichert und kontextfrei. Der Harvard-Paläontologe und Buchautor Stephen Jay Gould hat das kritisiert, was er als «inneres Klonen von Text zu Text» bezeichnet hat.[97] In einem amüsanten Artikel spürt er dem Vergleich zwischen einem frühen Pferdeverwandten, dem *Eohippus*, und einem Foxterrier nach: Um die Jahrhundertwende (als Foxterrier besonders beliebt waren) schloß man aus Fossilienfunden, daß diese Pferde in der Größe unseren Foxterriern entsprachen. Immer wieder wurde dieser Vergleich zitiert und ist noch heute in Lehrbüchern zu finden. Je häufiger er auftaucht, desto wahrscheinlicher ist es, daß das zur absoluten Tatsache wird. (Denn wie könnte man etwas bestreiten, wovon *jeder* weiß, daß es wahr ist?) Da gescheite Paläontologen inzwischen annehmen, daß diese «Pferde der Morgenröte» (das bedeutet der Name Eohippus) fünfzig Pfund gewogen haben, kann der altehrwürdige Vergleich mit einem Terrier, der weniger als halb soviel wiegt, als gedankenlos und überholt gelten. (Natürlich dürfen wir nicht vergessen, daß fünfzig Pfund auch nur eine Schätzung sind.)

---

97 Gould, S. J.: «The Case of the Creeping Fox Terrier Clone», *Natural History 97, Nr. 1*: 16–24.

Unterscheidungen und Übereinstimmungen

Kreativität und Aktives Denken sind vielleicht nur zwei Erscheinungsformen, unter denen vielfach die gleichen Eigenschaften des Geistes auftreten; deshalb gibt es unendlich viele Parallelen zwischen ihnen zu entdecken. Besonders wenn wir in späteren Kapiteln die Implikationen betrachten, die die Erforschung des Aktiven Denkens am Arbeitsplatz, bei der Untersuchung von Vorurteilen und im Zusammenhang mit Heilung und Gesundheit erbracht hat.

Bei der Behandlung von schöpferischen Prozessen wird seit langem zwischen zwei Formen des Denkens unterschieden: Analyse und Synthese. Manchmal wird das lateinische Wort *cogito*, «ich denke», im Sinne von Analysieren und Auseinandernehmen, dem Wort *intelligo*, «ich verstehe», im Sinne von verstandesmäßig Einsicht gewinnen in die Wesensart von etwas, gegenübergestellt.[98] J. P. Guilford hat die an der Kreativität beteiligten geistigen Fähigkeiten untersucht, indem er eine ähnliche Unterscheidung benutzte.[99] Auf der einen Seite ist da die Gewinnung neuer Information aus alter Information – «divergente Produktion» –, auf der anderen Seite sind das Fähigkeiten der «Neudefinierung» oder «Transformation» von Denken.

Einfacher ausgedrückt: Wir können uns die Welt ansehen und uns fragen, inwiefern die Dinge verschieden voneinander sind (Unterscheidungen treffen) oder worin sie sich gleichen (Analogien feststellen). Die erste Vorgehensweise führt zur Bildung neuer Kategorien, die zweite umfaßt gewöhnlich sich ändernde Kontexte; beide haben wir als Tätigkeiten Aktiven

98 Barchillon, J.: «Creativity and Its Inhibition in Child Prodigies», in *Personality Dimensions of Creativity*, New York 1951.

99 Guilford, J. P.: «The Nature of Human Intelligence», New York 1967.

Denkens beschrieben. Wir haben einigermaßen ausführlich über das Aktive Denken als Eigenschaft des Unterscheidens gesprochen. Denken in Analogien ist gleichermaßen von Bedeutung, sowohl für den Vorgang des Aktiven Denkens als auch für Kreativität.

Die Fähigkeit, Analogien zu entdecken, ist für diejenigen, die Intelligenz zu messen versuchen, schon lange von Interesse. Bewerber für akademische Posten auf bestimmten Gebieten mußten sich zum Beispiel einem Test unterziehen, dem «Miller-Analogie-Test», der nach dem Multiple-Choice-Prinzip Fragen wie die folgende stellt:

> *Löwe* zu *Stolz* wie *Pferd* zu: (bitte einkringeln)
> Eitelkeit   Herde   Weide[100]

Wenn wir Analogien suchen, wenden wir einen in einem bestimmten Kontext gelernten Begriff auf einen anderen Kontext an. Dieser geistige Vorgang ist an sich Aktives Denken. Architekten, die sehen, daß eine Einrichtung, etwa ein Krankenhaus, einer anderen ähnelt, etwa einem Hotel, könnten sich einen Entwurf einfallen lassen, bei dem viel komplexere Bedürfnisse berücksichtigt sind. Wer bewußt Bilder mischt in der Absicht, Ähnlichkeiten zu finden, kann auf neue Einsichten stoßen. Menschen, Geschäfte, Religionen zu vergleichen, innerhalb von Kategorien oder sie überschreitend, kann zu besserem Verständnis beider Seiten eines Vergleichs führen.

100 Je gebildeter ein Kandidat ist, desto schwerer dürfte es ihm im Amerikanischen fallen, die absolut richtige Antwort zu finden (die englischen Wörter sind: *Lion Pride Horse* mit den Auswahlwörtern *Vanity, Herd, Corral*). Eine Gruppe Löwen heißt *Pride* of lions, so daß Herde eine durchaus angemessene Antwort wäre. Wenn es aber um die Beziehung eines Tiers zu einer Emotion geht, wäre Eitelkeit richtig. Die «korrekte» Antwort bei einem Test steht also nicht fest, wenn die Frage als kontextfrei behandelt wird. Das aktivste Denken kann, wenn kontextfrei, sehr viel mehr entdecken, als beabsichtigt war.

Was hat Pete mit einer Bücherei gemein / eine Bücherei mit einem Zug / ein Zug mit einem Restaurant?[101]

Jean Piaget schrieb, daß seine Arbeit über den Begriff von Zeit, Bewegung und Geschwindigkeit bei Kindern von Albert Einsteins Arbeiten über Physik und Relativität ausgelöst worden sei. «Einstein», schrieb Piaget, «schlug einmal vor, daß wir die Frage unter psychologischen Gesichtspunkten prüfen und versuchen sollten festzustellen, ob es eine von Zeit unabhängige Anschauung von Geschwindigkeit gäbe.» Dem Physiker Gerald Holton zufolge war einer von Einsteins vielen Beiträgen der, Ideen zu erzeugen, die geeignet waren zu «weiterer Bearbeitung und Transformation in der Vorstellungskraft ähnlich erhabener Geister, die jenseits wissenschaftlicher Beschränkungen leben»[102].

Diese Fähigkeit, einen Kontext zu überschreiten, ist das Wesen des Aktiven Denkens und steht im Zentrum von Kreativität jeder Art.

[101] Auch beim Fernsehen können neue Perspektiven vorteilhaft wirken. Selbst das kann man aktiv denkend betreiben. In einer zusammen mit Alison Piper durchgeführten Untersuchung ließ ich Versuchspersonen «Denver Clan» unter verschiedenen Blickwinkeln sehen. Die Ergebnisse brachten den Zuschauern gesteigerte Kontrolle und andere positive Folgen. (Langer, E. und A. Piper: «Television from a Mindful/ Mindless Perspective», *Applied Social Psychology Annual, Vol. 8*, Los Angeles 1988.)

[102] Holton, G.: «The Advancement of Science, and Its Burdens», Cambridge 1986. – Piaget, J.: «Psychology and Epistemology», zitiert nach Holton, a.a.O.

Kapitel 8
Aktives Denken am Arbeitsplatz

«Höchste Vollendung ist es, die Grenze zwischen Arbeit und Spiel zu verwischen.»

Arnold Toynbee

Die Fähigkeit, Kontexte zu verändern, kann für einen Manager oder einen Mann am Fließband genauso wertvoll sein wie für einen Künstler oder einen Naturwissenschaftler. Erschöpfung, Konflikte, Ausgebranntsein (*Burnout*) können alle daraus entstehen, daß man zu tief in alten Kategorien steckt, in alten Einstellungen befangen ist. Tatsächlich kann man buchstäblich alle in den früheren Kapiteln beschriebenen Vorteile des Aktiven Denkens auch am Arbeitsplatz finden. Bei Arbeitgeber und Arbeitnehmer gleichermaßen steigert Aktives Denken Flexibilität, Produktivität, Innovation, Führungsqualitäten und Befriedigung. Da die meisten von uns fast den ganzen Tag, fast die ganze Woche entweder arbeiten oder unterwegs zur Arbeit sind oder uns über die Arbeit Gedanken machen oder unsere Arbeit vorausplanen, ist die Anwendung von Aktivem Denken auf die Arbeit besonders nützlich.

Stolpersteine begrüßen

Ein wedisches Sprichwort mahnt: «Weiche der Gefahr aus, die noch nicht droht.» Um die frühen Vorboten von Ärger zu bemerken, müssen wir für neue Informationen, für die unmerklichen Abweichungen vom Normalen offen sein. Bei dem in Kapitel 2 beschriebenen Büro-Versuch wurde eine Hausmitteilung herumgeschickt, auf der nur die Aufforderung stand, diese Hausmitteilung sofort zurück nach Zimmer 247 zu schicken. Die meisten Empfänger bemerkten die Absurdität nicht. Da die Hausmitteilung in vieler Hinsicht denen ähnelte, die sie täglich erhielten, schickten sie sie ohne nachzudenken zurück. Daraus können wir entnehmen, daß aus anfangs kleinen, unmerklichen Veränderungen große Probleme entstehen können. Aktiv denkende Menschen sind geneigt, solche Dinge zu bemerken, bevor sie gefährlich und ernsthaft teuer werden. Ob es eine winzige Veränderung auf einer der Armaturen in einem Kernkraftwerk ist oder die erste Andeutung dessen, was Theodore Levitt von der Harvard Business School «Vorzeichen allmählichen Verschwindens» [103] genannt hat, die frühen Hinweise auf Veränderung sind Warnzeichen und, für den aktiv Denkenden, eine Gelegenheit.

Der Arbeitsplatz ist voll von unerwarteten Stolpersteinen, die der Produktivität im Weg sein können. Für einen aktiv denkenden Manager oder Angestellten werden sie Bausteine. Sie behindern den Fortschritt nicht, weil sie als Teil eines Ablaufs angesehen werden und nicht als katastrophale Abweichung von früheren Verfahrensweisen. Stellen Sie sich den Fall vor, daß statt der vier für eine Arbeit «benötigten» Männern nur drei erscheinen oder daß ein normalerweise für eine

103 Levitt, T.: «Marketing Myopia», *The Harvard Business Review* 38, Nr. 4 (1960): 45–56, nachgedruckt in 53, Nr. 5 (1975): 26–174.

Produktion eingesetztes Gerät für eine Woche ausfällt. Wenn die Angestellten in der Abteilung in alten Einstellungen befangen sind, wird die Arbeit knirschend zum Stillstand kommen. Ein aktiv denkender Angestellter dagegen, der auf das orientiert ist, was jetzt da ist, könnte die Aufgabe neu auslegen als eine für drei Männer oder als Job für das jetzt allein zur Verfügung stehende Gerät. Abweichungen von einer gewohnten Art des Arbeitens sind weniger problematisch, wenn es Spielraum für Unsicherheiten gibt und keine von vornherein streng festgelegte Methode. Dann werden «Abweichungen» einfach Elemente der gegenwärtigen Situation.

Zweiter Anlauf

Wie wir bei dem in Kapitel 3 beschriebenen Coolidge-Effekt gesehen haben, treten Erschöpfung und Übersättigung nicht notwendig an einen fixen Punkt auf. Zu einem großen Teil können geistige und körperliche Erschöpfung durch verfrühte kognitive Festlegungen bestimmt sein. Mit anderen Worten, nicht-hinterfragte Erwartungen schreiben uns vor, wann unsere Energie erschöpft ist.

Schon 1928 untersuchte die Psychologin Anitra Karsten Situationen, die zunächst angenehm sind, bei Wiederholungen aber neutral werden oder gar unangenehm.[104] Sie versetzte Versuchspersonen in «halbfreie Situationen», mit der Instruktion: «Machen Sie die Arbeit, solange Sie Lust haben. Wenn Sie sie nicht länger machen wollen, so können Sie aufhören.» Die Aufgaben waren von zweierlei Art: Fortdauernde Handlungen, wie zum Beispiel Stricheln oder Zeichnen, und wiederholbare, in sich nicht zu lange Handlungen,

---

104 Karsten, Anitra: «Psychische Sättigung», in *Psychologische Forschung 10* (1928): 142–254.

wie, ein kurzes Gedicht immer wieder zu lesen. (Längere Aufgaben, die jedoch zu einem Ende kommen, wie etwa Schach, wurden nicht benutzt.)

Bei jeder Art von Aufgabe arbeiteten die Versuchspersonen, bis sie genug hatten. Dann veränderte der Versuchsleiter den Kontext, die «Einbettung». Zum Beispiel bat er die Versuchspersonen, nachdem sie gezeichnet hatten, bis sie erschöpft waren, die Seite umzudrehen und die letzte Figur noch einmal zu zeichnen, damit er sehen könnte, wie *schnell* sie das konnten. Die «völlig erschöpften» Versuchspersonen hatten keine Schwierigkeiten, die Zeichnung in dem neuen Kontext zu wiederholen. Oder: «Eine Versuchsperson hatte *ababab*... geschrieben, bis sie vom ‹Schreiben überhaupt› genug hatte und geradezu vom Tisch fortlief. Die Versuchsperson wurde gleich darauf von einem Hinzukommenden gebeten, ihren Namen und Adresse, in denen mehrere a und b vorkamen, zu schreiben... Als er... angab, Handschriften... zu sammeln, tat es die Versuchsperson bereitwillig...» Sie hatte die Erschöpfung nicht geheuchelt. Vielmehr brachte der veränderte Kontext neue Energie.

«Die Versuchsperson, die beim Gedichtelesen heiser war, spricht plötzlich ganz normal, wenn sie sagen will, wie unangenehm ihr der Versuch ist, oder wenn sie sonst eine Bemerkung machen will», schreibt Anitra Karsten. «Oder die Versuchsperson, die den Arm ‹aus Müdigkeit nicht mehr heben kann›, wenn sie stricheln soll, fährt ohne weiteres mit der Hand über das Haar, um es in Ordnung zu bringen.»

Neue Energie in neuem Kontext kennen die meisten Leute als «zweiten Anlauf». Wir sehen täglich Beispiele dafür. Denken Sie sich einen geplagten jungen Wissenschaftler, der den ganzen Tag an dem Buch gearbeitet hat, das er schreibt, und sich nebenbei um seine ausgelassene zweijährige Tochter gekümmert hat. Als seine Frau heimkommt, ist er zu kaputt, um sich noch zu rühren. In diesem Augenblick ruft ein Freund an und fragt, ob er mitkommt zum Basketballspielen. Er springt auf und rast davon und spielt vier Stunden lang.

In jedem dieser Fälle wird die Einstellung – Erschöpfung – aufgehoben durch eine Veränderung im Kontext, die jemand anders eingeführt hat, der Versuchsleiter oder ein Freund. Aktiv denkende Personen nutzen das Phänomen eines zweiten Anlaufs zum eigenen Besten ganz gezielt. Zwischen verschiedenen Haufen von Schreibkram zu wechseln, eine andere Arbeitssituation zu schaffen und eine Pause zu machen, um ein bißchen zu laufen oder zu telefonieren, sind alles Formen, latente Energievorräte anzuzapfen, indem man sich von der Einstellung Erschöpfung befreit. (Aktives Denken an sich ist anregend, nie ermüdend.) Eine unabhängig arbeitende Angestellte kann das für sich selbst tun; ein aktiv denkender Manager kann das für andere veranlassen. Die Aufgabe für das Management ist es, Veränderungen im Kontext innerhalb der erforderten Arbeitsleistung herbeizuführen.

Eine andere Art von Einstellung, die zur Erschöpfung führen kann, ist die Art, wie wir eine Aufgabe definieren. Wenn wir eine Arbeit anfangen, haben wir im Kopf eine Vorstellung von Anfang, Mitte und Ende. Zu Beginn sind wir geneigt, Energie und Aktives Denken zu investieren. In der mittleren Phase können wir die Aufgabe gedankenlos oder aktiv denkend durchführen. Wenn wir aktiv denkend arbeiten, schaffen wir währenddessen neue Unterscheidungen. Wir haben keine Empfindung von uns selbst als von der Aufgabe getrennt. Die Aufgabe kann uns leicht vorkommen, solange wir mit dem Prozeß beschäftigt sind und neue Unterscheidungen getroffen werden. Wenn wir die Aufgabe gedankenlos erledigen, verlassen wir uns auf bereits früher getroffene Unterscheidungen. Wenn sich die Aufgabe dem Ende nähert, konzentrieren wir uns im allgemeinen mehr auf das Ergebnis und erwarten auch Erschöpfung. Jetzt, wo wir das Ergebnis bewerten, erkennen wir die Aufgabe als von uns getrennt. Wenn wir uns dem Ende der Tätigkeit nähern, die wir für ermüdend halten, trifft die Erschöpfung ein. Dieses innere Bild vom Ende einer Aufgabe ist ein selbstauferlegter Kontext und macht Erschöpfung fast unvermeidbar. Wenn man den Kontext verändert, *bevor* dieser Punkt erreicht ist, kann man die Erschöpfung vielleicht vermeiden. Mit einer einfachen Änderung der Tätigkeit erreicht man das aber nicht unbedingt. Die Veränderung muß als neuer Kontext *erlebt* werden. Wenn eine neue körperliche Übung zum Beispiel immer noch als Übung empfunden wird, kann die Erwartung von Erschöpfung bestehen bleiben.

In einer sehr interessanten Untersuchung ließen die Psychologen Janice Kelly und Joseph McGrath Versuchspersonen verschiedene Aufgaben entweder unter großem Zeitdruck oder mit viel Zeit erledigen. Wenn die erste Aufgabe unter Zeitdruck gelöst werden mußte, gab es viel Zeit für die zweite Aufgabe und umgekehrt. Die Versuchspersonen trafen offenbar eine verfrühte kognitive Festlegung nach den Forderungen bei der ersten Aufgabe. Wenn sie dann nicht mehr unter Zeitdruck standen, wurden die Versuchspersonen unnötig erschöpft und arbeiteten, als müßten sie immer noch nach Zeit arbeiten.[105]

105 Kelly, J. R. und J. E. McGrath: «Effects of Time Limits of Task Types on Task Performance and Interaction of Four-Person Groups», *Journal of Personality and Social Psychology* 49 (1985): 395–407.

Innovation

Kontextveränderungen bringen, wie wir in früheren Kapiteln gesehen haben, Phantasie und Kreativität sowie auch neue Energie hervor. Auf Problemlösungen angewendet spricht man davon, daß man etwas neu faßt oder «in einen anderen Rahmen stellt». Ein junger Musiker erzählte mir kürzlich von seiner alten Unfähigkeit, die Lieder, die er komponierte, auch fertigzustellen. Es hatte ihn tief beunruhigt, und er kam sich als Komponist wie ein Versager vor, bis er sein «Problem» in einen neuen Rahmen stellte. Statt sich als unfähig zu betrachten, ein Lied fertigzustellen, machte er sich klar, wie wunderbar begabt er bei der Komposition neuer Themen war. Er tat sich dann mit einem Kollegen zusammen, der im musikalischen Detail gut ist, und zusammen sind sie sehr produktiv.

Kontextänderung ist nur einer der Wege zur Innovation. Neue Kategorien schaffen, mannigfache Perspektiven erforschen, sich auf den Prozeß konzentrieren – all das steigert die Möglichkeit, daß ein neuer Zugang zu einem Problem entdeckt wird. Spielraum für ein bißchen Unsicherheit von seiten der Firmenleitung ist auch ermutigend. Wenn sich ein Manager Abweichungen von der Routine, wie etwas getan wird, leisten kann, können sich kreative Angestellte entwickeln und Beiträge leisten. Wenn sie nicht genötigt sind, ein Produkt immer nur besser und besser zu machen, finden sie vielleicht einen Weg, ein anderes, besseres Produkt zu entwickkeln.

Der phantasievolle Einsatz von «Außenseitern» kann zu jeder der eben genannten Formen von Aktivem Denken ermutigen.[106] Ein oder zwei Männer in einem sonst weiblichen

106 Rosabeth Moss Kanter und Howard Stevenson, beide von der Harvard Business School, haben über dieses Thema geschrieben: Kanter, R.: «The Change Masters: Innovation for Productivity in the Ameri-

Unternehmen, ein Teenager oder ein blinder Rentner im Vorstand können neue Ideen einbringen. Auch unabhängige Berater können diese Funktion übernehmen. Wenn man die Position eines Außenseiters in einer Firma einführt, gleichgültig was für eine Persönlichkeit diese Aufgaben übernimmt, werden unter Umständen wichtige Dinge im Fluß gehalten. So wie ein Reisender in einer fremden Kultur Dinge bemerkt, die die in diese Kultur Hineingeborenen für selbstverständlich halten, sieht ein Außenseiter in einer Firma vielleicht, wenn die Firmeneingeborenen inzwischen unsinnig gewordene Traditionen befolgen oder destruktiven Mythen anhängen. Wer mit der Routine nicht vertraut ist, nimmt nichts als gegeben hin, der wird zu Aktivem Denken angeregt.

Roger Fisher und William Ury schlagen in ihrem Buch *Das Harvard-Konzept* Methoden vor, wie man bei Verhandlungen im eigenen Kopf die Arten von Perspektiven hervorbringen kann, die sonst von Außenseitern aus verschiedenen Disziplinen hereingebracht werden würden. «Wenn Sie über einen Geschäftsvertrag verhandeln, suchen Sie nach Wahlmöglichkeiten, die einem Bankier, einem Erfinder, einem Gewerkschaftsführer, einem Immobilienspekulanten, einem Börsenmakler, einem Volkswirtschaftler, einem Steuerfachmann oder einem Sozialisten einfallen würden.» [107] Dieses Offensein für die verschiedensten Perspektiven – ein wesentlicher Bestandteil des Aktiven Denkens – unterstützt die Politik des Austauschs von Verantwortlichkeit bei Arbeitern,

can Corporation», New York 1983. – Stevenson, H. und W. Sahlman: «How Small Companies Should Handle Advisers», *Harvard Business Review 88*, Nr. 2 (1988). 28–34. – Irving Janis beschreibt eine Version dieser Idee in der politischen Arena: Janis, I.: «Victims of Groupthink», Boston 1972.

107 Fisher, R. und W. Ury: «Das Harvard-Konzept. Sachgerecht verhandeln – erfolgreich verhandeln», Frankfurt 1984.

oder des Berufswechsels «mitten im Fluß». Wenn der Wechsel innerhalb eines bestimmten Bereichs stattfindet und nicht den Bereich ganz verläßt, kann der Nutzen einer neuen Perspektive größer sein als das Problem, eine neue Terminologie lernen zu müssen. Wenn zum Beispiel ein Kunsthistoriker Psychologe für das Fachgebiet Sehstörungen wird oder umgekehrt, könnte jeder etwas Neues zu der Frage beitragen: Wie gibt man einen dreidimensionalen Gegenstand zweidimensional wieder?

Abstand von den Einstellungen (*Mindsets*) in einer Industrie ist von entscheidender Wichtigkeit beim Planen von Produkten. Nehmen Sie eine Firma, die Rollstühle herstellt. Heute, wo es immer mehr ältere Menschen gibt, dürfte ihr Geschäft blühen. Einige Menschen müssen Rollstühle haben wie andere Brillen. Aber im Gegensatz zu Brillen haben sich Rollstühle jahrelang äußerlich nicht verändert. Es gibt außer der Gewohnheit keinen Grund dafür, daß Rollstühle so medizinisch und unheilvoll aussehen. Jetzt fangen die Designer an, Rollstühle als Rennwagen anzusehen, als Sportgeräte, als farbige, bequeme, flotte Art herumzukommen. Vor acht Jahren, als ich als Beraterin für ein Seniorenheim tätig war, ließen wir die Bewohner ihre Rollstühle verzieren, um sie ansprechender und/oder zweckmäßiger zu machen. Schon das Wort *Rollstuhl* schien hinterher einen anderen Klang zu haben. Kürzlich stieß ich auf Werbung für die Modelle «Wildkatze», «Palmer 3» und «Turbo» – drei rassige, moderne Entwürfe, die neu zu definieren scheinen, was Leben im Rollstuhl bedeutet.

Wie ich bereits gesagt habe, kann Innovation abgewürgt werden von einer zu engstirnigen Vorstellung von einer Aufgabe. Die Leute, die Rollstühle herstellen, könnten sich als im Transportwesen tätig sehen oder auf dem Sektor Erholung und Freizeit, um aus diesen mit Behinderung und Krankenhaus assoziierten Einstellungen auszubrechen. Theodore

Levitt, dessen berühmter Ausdruck «marketing myopia» (Kurzsichtigkeit im Marketing) auch mit «Gedankenloses Marketing» übersetzt werden könnte, fand ein köstlich treffendes Beispiel für überholte Einstellungen: die Buggy-Peitschen-Industrie. Man könnte zwar einerseits behaupten, daß keinerlei Produkt-Innovation dieses Gewerbe hätte retten können, eine neue Eigendefinition aber hätte es vielleicht gekonnt: «Selbst wenn sie sich nur als ein Gewerbe definiert hätte, das Anregungsmittel oder Beschleuniger für eine Energiequelle liefert, hätte sie unter Umständen überleben können als Hersteller von, sagen wir, Treibriemen für Ventilatoren oder Luftfilter.»[108]

Enge Definitionen von Wettbewerb gehen Hand in Hand mit engen Einstellungen in bezug auf ein Produkt. Kleine Banken zum Beispiel sehen sich als im Wettbewerb mit andern kleinen Banken stehend bei Annahme oder Ausgabe von Geld an ihre Gemeinden. Eine Bank wie Citybank, die ihre Aufgabe in der Informationsverarbeitung sah, war viel konkurrenzfähiger. Ebenso sahen die Hersteller von Royal- oder Remington- oder Smith-Corona-Schreibmaschinen ihre Aufgabe im Wettbewerb nicht darin, daß sie einer auf den anderen schauten. In irgendeiner anderen Ecke bereitete sich eine Abteilung von IBM darauf vor, sie mit der Selectric-Maschine aus dem Rennen zu werfen. Das war eine völlig neue Technik, Wörter auf Papier zu bringen, die später durch Computer und Textverarbeitungsgeräte mit all ihren Formen ersetzt wurde.

Eine Möglichkeit, der allzu engen Definition zu entgehen, ist die, den Unterschied zwischen Handelndem und Beobachtendem zu bedenken. Ein Student machte mich auf ein gutes Beispiel dafür in der Verwaltung aufmerksam. Gegen Ende jedes Steuerjahres bemühen sich Behörden und Forschungs-

108 Levitt, T.: «Marketing Myopia».

institute, die staatliche Gelder bekommen, eifrig, das Geld auszugeben, das sie noch übrig haben, statt es dem Staat zurückzugeben. Sie haben verbraucht, was nötig war, und verschwenden jetzt den Rest. Aus der Perspektive des Steuerzahlers scheint das unsinnig. Warum das Geld verschleudern, statt es zurückzugeben, damit andere es benutzen können? Der Grund ist der, daß die Institute, wenn sie nicht alles Geld ausgeben, im nächsten Steuerjahr das Budget gekürzt bekommen: «Sie haben im vergangenen Jahr nicht soviel gebraucht, also werden sie es auch nächstes Jahr nicht brauchen», würden sparsame Beamte sagen. Und so verschwendet ein Institut nach dem anderen Geld, um sich ein gesundes Budget zu erhalten. Die Lösung, die mein ehemaliger Student Otto Brodtrick vorschlug, beruhte auf Erfahrungen, die er als Buchprüfer für ein Institut der kanadischen Regierung gemacht hatte, und berücksichtigte den Standpunkt der Empfänger solcher Zahlungen. Wenn man einem Institut jedes Jahr das Budget garantieren würde, das es bekommen würde, wenn es alles Geld des Vorjahres ausgegeben hätte, plus der Hälfte dessen, was es nicht ausgegeben hat, würden das Institut und der Staat davon profitieren. Wenn also zum Beispiel ein Institut 10 000 Dollar bekommen, aber nur 8000 ausgegeben hätte, bekäme es im folgenden Jahr 10 000 plus die Hälfte des Gesparten (1000), also insgesamt 11 000 Dollar. Wenn es im nächsten Jahr von den 11 000 nur 10 000 ausgegeben hätte, bekäme es im darauf folgenden Jahr 11 500 Dollar. Beide Seiten hätten schließlich gewonnen. Das zukünftige Budget bliebe ordentlich, und die Ausgaben wären vernünftig. Das Institut oder der Forscher würden lieber Geld zurückgeben, als das, was sie im Augenblick nicht gebraucht hätten, zu verschwenden, weil es eine Garantie für mehr Geld in der Zukunft gäbe.

Die Bedeutung von Unsicherheit bei Managern

Das Verhalten von Angestellten, ob gedankenlos oder innovativ, ist sicher nicht unabhängig vom Stil des Vorgesetzten. Unter den Qualitäten bei einem Manager, die zu Innovation und Initiative beitragen, ist vielleicht ein gewisser Grad von *Unsicherheit* die wichtigste. Wenn ein Manager zuversichtlich, aber nicht sicher ist – zuversichtlich, daß ein Job erledigt wird, aber nicht sicher, welches die beste Art ist, ihn zu erledigen –, besteht einige Wahrscheinlichkeit, daß die Angestellten Luft haben, kreativ, wachsam, initiativ tätig zu sein. Wenn wir für einen zuversichtlichen, aber nicht sicheren Vorgesetzten arbeiten, brauchen wir weniger Kenntnisse vorzutäuschen oder Fehler zu verbergen, Praktiken, die für eine Firma teuer werden können. Statt dessen werden wir vielleicht denken: Wenn der Chef nicht sicher ist, brauche ich wohl auch nicht hundertprozentig zu sein. Damit wird das Risiko weniger riskant. Angestellte werden dann eher Veränderungen beim Herstellungsprozeß oder am Produkt vorschlagen, die vorteilhaft wären. Das Eingeständnis von Unsicherheit führt zur Suche nach mehr Informationen, und bei mehr Informationen gibt es mehr Optionen.

Debra Heffernan und ich führten eine Untersuchung über den Einfluß der Unsicherheit in einem großen Unternehmen durch.[109] Wir beurteilten den Grad von Sicherheit bei den Managern, indem wir sie neben vielem anderen fragten, für wie viele von den Entscheidungen, die sie täglich zu treffen hätten, es eindeutige Antworten gäbe. Wir bewerteten auch das allgemeine Niveau ihrer Zuversichtlichkeit. An die Angestellten gaben wir Fragebögen aus, um ihre Beziehung zu den Vorgesetzten in der Arbeit veranschlagen zu können. Wir

---

109 Langer, E. und D. Heffernan: «Mindful Managing: Confident but Uncertain Managers», Harvard 1988.

stellten fest, daß die Manager, die zuversichtlich, aber relativ wenig sicher waren, von ihren Angestellten als diejenigen bewertet wurden, die am ehesten unabhängige Urteile und allgemeine Freiheit im Handeln zuließen.

Da die als besonders klug und kenntnisreich wahrgenommenen Menschen am ehesten Manager werden, ist das Gefühl, daß der Boss *die* Antwort weiß, allgegenwärtig, und Fragen zu stellen für Angestellte potentiell abschreckend. Wenn Manager deutlich machen, daß sie Sicherheit für Tollkühnheit halten, ist es leichter, Fragen zu stellen, die auf der eigenen Unsicherheit beruhen. Fragen liefern einem Manager sehr viele Informationen. Und wenn Manager dann, um die Fragen beantworten zu können, sich um Informationen an die Angestellten wenden, werden vermutlich beide eher aktiv denkend und innovativ werden.

Paradoxerweise sind, obwohl Arbeit so oft gedankenlos, mit einem Gefühl von Sicherheit erledigt wird, Spiel und Sport fast immer Aktives Denken. Die Menschen nehmen Risiken auf sich und engagieren sich im Spiel. Stellen Sie sich vor, ein Spiel würde zur Routine – es wäre kein Spiel mehr. Es gibt keinen Grund, beim Spielen nicht Risiken einzugehen. Tatsächlich würde ohne Risiko das Vergnügen an der Beherrschung schwinden. Stellen Sie sich vor, Sie würden gedankenlos Ski laufen oder reiten; stellen Sie sich vor, Sie gingen ins Theater, um ein altes Stück abermals zu sehen, und würden nicht nach einem neuen dramaturgischen Dreh Ausschau halten; stellen Sie sich vor, Sie lösten Kreuzworträtsel, die Sie schon kennen, an deren Antworten Sie sich erinnern. Wir sind geneigt, bei Spielen wagemutiger zu sein, weil wir uns da nicht gefährdet vorkommen. Wir bewerten uns dabei nicht. Man kann Spielen ernst nehmen, aber es ist das Spiel, nicht wir selbst, was wir da ernst nehmen – sonst ist es kein Spiel mehr. Man könnte also meinen, daß wir, um Aktives Denken bei der Arbeit zu fördern, das Büro zu einem Ort machen sollten, an dem man mit Ideen spielen kann, wo zu Fragen ermuntert wird und wo einer, «wenn der Würfel unglücklich fällt», nicht gleich entlassen wird.

Viele Manager werden jedoch unruhig, wenn sie mit einer Frage konfrontiert sind, auf die es keine einfache Antwort gibt. Wenn sie nach dem Grund für ein Verfahren gefragt werden, halten sie sich an die vorgefertigte Antwort, die wir alle seit Kindesbeinen kennen: «Das wird so gemacht, weil ich es so will.» Eine ganz vertraute Einstellung in größeren Organisationen zeigt sich auch in der Reaktion: «Wenn das nun jeder tun wollte!» Wie viele innovative Gedanken sind wohl schon von dieser Phrase erstickt worden. Wenn nur ein paar Leute etwas tun wollen (was immer «das» ist), welchen Unterschied macht das dann schon? Und wenn tatsächlich alle es wollen, sollten sie das vielleicht tun können. In dem Altenheim, für das ich als Beraterin tätig war, wollte eine ältere Frau sich lieber in der kleinen Etagenküche ein Erdnußbutterbrot streichen, als zum Essen in den Speiseraum zu gehen. «Und wenn das nun jeder tun wollte?!» sagte der Direktor. Wenn das jeder tun wollte, würde das Heim vermutlich eine Menge Geld für Essen sparen. Zumindest hätte es für den Leiter eine nützliche Information sein können.

Sollte abweichendes Verhalten, das nur hin und wieder auftritt, toleriert werden? Sollte der einmütige Wunsch nach einer Veränderung zu einer neuen Methode führen? Solche Fragen dürften für jede Organisation wichtig sein. Antworten wie «Wenn das nun jeder tun wollte» oder «Das haben wir doch noch nie so gemacht», verwandeln eine Gelegenheit zur Innovation in eine Sackgasse.

Im akademischen Bereich, wo Sicherheit und wissenschaftlicher Beweis soviel gelten, wird die Notwendigkeit, Unsicherheit zuzulassen, geschätzt, aber oft sträuben sich die Leute doch heftig. Eines Tages kam ich zu spät zur Sitzung eines Ausschusses, der einen Preis fürs Unterrichten zu vergeben hatte. Ich fand meine Kollegen verstört vor, weil sie vor einem «unmöglichen» moralischen Dilemma standen. Das Problem war, daß es fünf Kandidaten für den Preis gab, und für jeden nur drei bis fünf Empfehlungen. Wie konnten wir auf so wenig Gewißheit gestützt eine vernünftige Entscheidung treffen? Diese Frage klang zunächst plausibel. Aber die ziemlich unfreundliche Art, mit der der Ausschuß über die Frau herfiel, die für die Beschaffung von Material für die Nominierungen verantwortlich war, ließ mich noch einmal gründlich überlegen. Sie zeigten alle mit dem Finger auf sie, als hätte sie ein absolutes ungeschriebenes Gesetz übertreten. Bei drei bis fünf Empfehlungen würde die Preisvergabe ganz «willkürlich» ausfallen. Es würde mehr Information benötigt, darüber waren sich alle einig. Aber was heißt «mehr Information»? Womit würde die Geschicklichkeit beim Unterrichten eindeutig bewiesen werden? Sollten die Empfehlungen von Studenten kommen, die gerade unterrichtet wurden? Oder von denen, die im letzten Jahr an einem Kurs teilgenommen hatten? Wenn man sie gut unterrichtet hatte, würde der Einfluß des Unterrichts sich auch nach Abschluß des Semesters noch auswirken; vielleicht sollten die Empfehlungen überhaupt von denen kommen, die vor zwei Jahren unterrichtet worden waren. Oder doch lieber vor fünf Jahren? Sollten die guten Studenten befragt werden oder die schlechten Studenten, oder alle Studenten? Für alles ließen sich Argumente anführen. Sollten die Empfehlungen überhaupt von Studenten kommen? Kollegen wissen doch am ehesten, was beim Unterrichten zählt. Wie wäre es mit einer Kombination, halbe-halbe, oder zwei von der Fakultät auf einen Studenten? Und so weiter.

Als ich mich wieder dem Ausschuß zuwandte, schlug ich, da ja die Entscheidung über wie viele und welche Art von Empfehlungen nun mal nicht auf «genug Information» gegründet werden konnte, vor, weiterzumachen und für dieses

Jahr den Preis zu verleihen und für die Zukunft *beliebige*, aber eindeutige einfache Regeln aufzustellen. Beliebige Regeln gestatten einem Ausschuß – ob an einer Hochschule oder in einem Unternehmen –, eine Entscheidung zu fällen, ohne ihn mit einer endlosen Suche nach Gewißheit und Bergen von Papier zu belasten. Wenn man nicht vergißt, daß die Regel nur eine Übereinkunft, die Konstruktion eines Ausschusses ist, ist man auch bereit, sie zu ändern, wenn sich die Umstände ändern, ohne daß man diejenigen angreifen müßte, die sie festgesetzt haben. Regeln sollen leiten, nicht zwingen.

Außer der zuversichtlichen Unsicherheit gibt es noch eine Führungsqualität, die sehr bekannt, aber schwerer zu definieren ist. Charisma, Ausstrahlung bei Vorgesetzten hat eine magische Wirkung, die vielleicht die Annahme erklärt, daß Führungspersönlichkeiten geboren und nicht gemacht würden. Kürzlich habe ich zusammen mit John Sviokla von der Harvard Business School einen Aspekt der menschlichen Ausstrahlung zu erforschen versucht, der mit dem Einfluß von Unsicherheit und Aktivem Denken verknüpft sein könnte.[110]

Zunächst prüften wir Ausstrahlung in der Theaterwelt. Schauspieler, die in Stücken rund um den Harvard-Campus auftraten, wie *Ernst sein ist alles* (Wilde), *Fräulein Julie* (Strindberg), *Der Kaufmann von Venedig* (Shakespeare), wurden nach dem Zufall zwei Gruppen zugeordnet. Die Schauspieler der einen Gruppe wurden aufgefordert, ihre Rolle so neuartig wie möglich innerhalb der Reichweite dieses Charakters darzustellen. Die Schauspieler der anderen Gruppe wurden gebeten, ihre Rolle so eng wie möglich in Übereinstimmung mit den Vorgaben zu bringen. Nach der Aufführung bekamen die Zuschauer, die von unseren Anwei-

110 Langer, E. und J. Sviokla: «Charisma from a Mindfulness Perspective», Harvard 1988.

sungen an die Schauspieler keine Ahnung hatten, einen kurzen Fragebogen, in dem sie die Ausstrahlung der Schauspieler bewerten sollten. Denjenigen Schauspielern, die wir gebeten hatten, ihre Rolle so neuartig wie möglich zu interpretieren, wurde größere Ausstrahlung zugesprochen.

Um dieses Phänomen weiter und in einem anderen Zusammenhang zu untersuchen, gaben wir den Verkäufern einer Enzyklopädie Verhaltensmaßregeln, die denen an die Schauspieler ähnelten. Die eine Gruppe sollte an alle neuen Interessenten so herantreten, als ob er oder sie der allererste Kunde wäre. Obwohl sie sich an ihre «Rolle» hielten, paßten sie sich dem doch vorsichtig an. Die andere Gruppe sollte so vorschriftsmäßig wie möglich vorgehen. «Je vorschriftsmäßiger Sie sich verhalten, desto bessere Absätze werden Sie erzielen.» Der ersten Gruppe von Verkäufern wurde signifikant mehr Ausstrahlung zugesprochen als der zweiten. Merkwürdigerweise hielten die Kunden sie auch für besser über ihr Produkt unterrichtet, obwohl es da bei den Verkäufern keine Unterschiede gab. Sie traten flexibler an die einzelnen Kunden heran, und ihr Vorstoß war von stärkerer Wirkung. Eine gewisse geistige Offenheit schien ihre Überredungskunst ebenso wie ihre Ausstrahlung zu steigern.

«Burnout» und Kontrolle

«Burnout», die Überforderung, Überanstrengung, das Ausbrennen, besonders in helfenden Berufen, das in einer großen Zahl von Arbeitsplätzen vom Notaufnahmeraum bis zur AG ein Problem ist, entsteht durch Gedankenlosigkeit. Starre Einstellungen, enge Perspektiven, die Falle der alten Kategorien und eine Orientierung auf Ergebnisse hin, machen ein Ausbrennen eher wahrscheinlich. Im Gegensatz dazu kann, wie wir gesehen haben, die Veränderung von Kontexten und

Einstellungen oder die Konzentration auf den Prozeß statt aufs Ergebnis Energie erzeugen.

Viele von uns haben schon erfahren, welche Energie ein neuer Job bringt. Es ist anregend, etwas Neues zu lernen, ein neues Gebiet kennenzulernen. Je vertrauter die Arbeit dann aber wird, desto mehr schwinden Begeisterung und Energie. Burnout setzt ein, wenn zwei Dinge vorherrschen: Wenn Sicherheit den Arbeitsalltag bestimmt und wenn die beruflichen Anforderungen den Arbeitenden das Gefühl geben, sie hätten keine Kontrolle mehr darüber. Wenn darüber hinaus die Firma sich durch strenge Regeln auszeichnet, werden auftretende Probleme als unüberwindlich empfunden, weil kreative Lösungen der Probleme zu riskant erscheinen. Wenn die Bürokratie charakterisiert ist durch «Das haben wir immer so gemacht», bleibt Burnout nicht aus.

Im medizinischen Zusammenhang, wo Fehler tödlich sein können, sind diese Bedingungen besonders typisch. Debra Heffernan und ich versuchten Burnout im Stevens Hall Nursing Home in North Andover, Massachusetts, zu bekämpfen.[111] Wir machten das Pflegepersonal mit den Begriffen Unsicherheit und Kontrolle bekannt, um sie zu Aktivem Denken anzuregen. Wir zeigten ihnen, daß die «Fakten», an denen sie sich bei der Pflege orientierten, in Wirklichkeit nur wahrscheinlich waren und nicht gesichert. Wir hielten eine Sitzung nach der anderen ab, bei denen wir in Zweifel zogen, daß sie der Prinzipien für ihr Vorgehen so sicher sein konnten. Besondere Aufmerksamkeit widmeten wir den Einstellungen, die bei den Bewohnern Abhängigkeit hervorrufen und sie der Kontrolle berauben konnten. Zum Beispiel gab es einen blinden älteren Mann, der gern rauchen wollte. Das war für die

111 Langer, E., D. Heffernan und M. Kiester: «Reducing Burnout in an Institutional Setting: An Experimental Investigation», Harvard 1988.

Pfleger lästig, die meinten, er dürfte dabei nicht allein sein, weil er das Gebäude in Brand stecken könnte. Sie hatten ihn also zweimal am Tag eine Zigarette rauchen lassen. Aber woher wollten sie wissen, daß er Hilfe brauchte? Eine andere Patientin hatte Schwierigkeiten, sich die Haare zu bürsten. Wenn eine Pflegerin sie ihr bürstete, gab sie ihr unabsichtlich zu verstehen, daß sie es selbst nicht könnte. Unter den dramatischeren Fällen war der einer Frau, die immer vergaß, in den Speisesaal zu gehen. Die Belegschaft meinte, sie müßte geholt werden, damit sie nicht verhungerte. Diese sich häufenden und anscheinend nie nachlassenden Verantwortungen, die für so wesentlich gehalten wurden, trugen zu dem Gefühl von Burnout bei.

Als die Pflegerinnen und Pfleger erst mal begriffen, daß ihre Rechtfertigungen für diese Lösungen viel weniger überzeugend waren, als sie geglaubt hatten, fanden sie andere Wege, den Problemen beizukommen. Sie gaben den Bewohnern des Heims ein bißchen von der Kontrolle zurück und machten sich selbst damit die Arbeit leichter. Zum Beispiel erkannten sie, daß es keinen ernsthaften Grund gab zu der Annahme, daß der blinde Mann nicht lernen könnte, gefahrlos zu rauchen. Tatsächlich wußte er schon, wo und wie er ungefährdet rauchen könnte. Sie brauchten ihm nur eine Chance zu geben. Die Frau, die Schwierigkeiten beim Haarebürsten hatte, tat es trotzdem lieber selbst, aber in kleinen Schritten. Und niemand verhungerte. Die vergeßliche Frau wurde von ihrem Hunger erinnert, wo der Speisesaal war. Und Pflegerinnen und Pfleger hatten, als sie sahen, daß sie Probleme lösen konnten, ohne auf die alten Regeln zurückzugreifen, auch das Gefühl, alles besser unter Kontrolle zu haben; Lösungen suchen ließ sie aktiver denken. Aufzeichnungen, in denen wir die Zeit vor unserem Eingreifen und eine entsprechende Zeitspanne hinterher vergleichen konnten, zeigten, daß die Fluktuation unter dem Pflegepersonal um ein Drittel vermindert wurde. Wer sich weniger «ausgebrannt» fühlte, hatte weniger Anlaß zum Gehen. Diese Ergebnisse ließen, obwohl sie nicht experimentell gewonnen waren, vermuten, daß Burnout nicht unvermeidlich ist. Kürzlich haben wir bei einer Untersuchung in der Lewis Bay Head Injury Facility den Schwestern und Pflegern mit einer ähnlichen Art Training das Aktive Denken nahegebracht. Bei den sich daraus ergebenden Veränderungen der Anschauungen und der neuen Überzeugung, daß andere Lösungen möglich wären, zeigte die Belegschaft in dieser anstrengenden und potentiell deprimierenden Situation eine signifikante Zunahme an Kampfgeist und Befriedigung durch die Arbeit.

Die Art von «Sorge für den Fürsorgenden», die ihm ein Gefühl von Kontrolle und von Entscheidungsmöglichkeiten zurückgibt, dürfte in Krankenhäusern zunehmend wichtiger werden. Der Mangel an Krankenschwestern, Druck aus der Kostendämpfung, die gesetzlichen Einschränkungen und die Kompliziertheit der Technik tragen alle zu dem vermehrten Stress bei der Belegschaft bei. In dem Bericht eines Ausschusses der Harvard Medical School zur Untersuchung von Überarbeitung bei der Ausbildung von Fachärzten wurde die Verkürzung der Aufenthaltsdauer stationärer Patienten («Schnell aufnehmen, schnell entlassen») als Grund für wachsende Erschöpfung unter den Ärzten ausgemacht. Wenn Patienten vorzeitig entlassen und von anderen Ärzten untersucht werden, bevor sie aufgenommen werden, verliert der Facharzt oder die Fachärztin gewissermaßen das Gefühl von Kontrolle über den Fall, weil er oder sie ihre Rollen als nur noch mechanisch wahrnehmen. Der Mangel an aktiv denkender Beteiligung an der Heilung des Patienten hat deutlich mit dieser Art des Burnout zu tun. Tatsächlich gehörte zu den Empfehlungen der Fakultät, daß «die kognitive und intellektuelle Funktion bei der Betreuung des Patienten» wiederhergestellt würde – also aktiv denkende Beteiligung.

Da uns die Welt der Arbeit mit denselben Rätseln konfrontiert, mit denen wir im übrigen Leben fertig werden müssen, könnten diese Beobachtungen über die Wirkung von Aktivem Denken auf die berufliche Tätigkeit ein eigenes Buch ergeben. Den Lesern, die mit dem Geschäftsleben und dem Management vertraut sind, ist vermutlich auch klar, daß die progressiven Denker auf diesem Gebiet sich der Gefahren der strengen Einstellungen und der Orientierung auf Ergebnisse hin sowie der Vorteile vielfältiger Perspektiven und sich ändernder Kontexte durchaus bewußt sind, nur unter anderen Namen. 1920 nahm Mary Parker Follett, eine Pionierin der Managementforschung, einige dieser Gedanken bereits vorweg; besonders betonte sie den Wert der Veränderung von Einstellungen. Ihre Warnung vor dem Besessensein vom Ergebnis hat auch heute noch für jeden Manager Gültigkeit: «Ein um einen Zweck herum aufgebautes System ist ein totgeborenes Kind. Der Zweck zeigt und spiegelt nur die Mittel.»[112]

Sicherheit entwickelt sich leicht bei fortdauerndem Erfolg. Es gibt die Tendenz, weiterhin das zu tun, was bisher funktioniert hat, womit paradoxerweise ein erfolgreiches Unternehmen eher anfällig wird für verkrustete Einstellungen. Ich verbrachte kürzlich einen Teil eines Forschungsjahres an der Harvard Business School, wo mir Kollegen halfen, ein paar von den Gedanken aus diesem Kapitel schnittig zu formulieren. Wir machten uns sogar einen Spaß daraus, uns Schildchen für den Schreibtisch von Geschäftsführern auszudenken:

«Gedankenlosigkeit ist der Versuch, Probleme von heute mit Lösungen von gestern anzugehen.»

«Aktiv Denken heißt, sich den Anforderungen von heute zu stellen, um die Schwierigkeiten von morgen zu vermeiden.»

112 Follett, M. P.: «Dynamic Administration: The Collected Papers of Mary Parker Follett», Bath 1941, zitiert nach: Graham, P.: «Dynamic Management: The Follett Way», London 1987.

Kapitel 9

Abnehmende Vorurteile durch zunehmende Differenzierungen

«‹Wenn ich nur ein Spielzeug für euch Riesen bin, so seid wenigstens nett zu mir.› …
‹Kommen Sie!› sagte sie, ergriff meine Hand, ließ sich vom Kamingitter helfen und sah mir traurig ins Gesicht.
‹Ich weiß, Sie würden mir nicht mißtrauen, wenn ich eine normal gewachsene Frau wäre!›
Es lag darin viel Wahres, und ich schämte mich.
‹Sie sind ein junger Mann›, sagte sie und nickte. ‹Lassen Sie sich selbst von einem Dreikäsehoch etwas sagen. Schließen Sie nie von körperlichen Mißproportionen auf geistige, mein lieber Freund, es sei denn, es wäre ein Grund vorhanden.›»

Charles Dickens, *David Copperfield*[113]

David Copperfield bekommt eine Lektion in Differenzieren. Weil er zwischen geistigen und körperlichen Schwächen unterscheiden lernt, entgeht er der Gefahr, Menschen von kleiner Statur zu diskriminieren. Unterscheidungen, die eher spezifisch sind als allgemein, können sehr nützlich sein beim Abbau von Vorurteils-Einstellungen.

Die meisten Versuche, Vorurteile zu bekämpfen, richten sich auf unsere Neigung, andere Menschen zu kategorisieren. Diese Bemühungen beruhen auf der Überzeugung, daß in einer idealen Welt alle Menschen als gleich angesehen werden müßten, als einzig der Kategorie «menschliches Wesen» zu-

---

113 Dickens, Ch.: «David Copperfield», deutsch von Josef Thanner, München o. J.

gehörig. Aber Kategorisieren ist eine fundamentale und natürliche menschliche Tätigkeit.[114] Auf diese Weise erkennen wir die Welt. Jeder Versuch, Voreingenommenheit zu beseitigen, indem man die Wahrnehmung von Unterschieden beseitigt, dürfte zum Scheitern verurteilt sein. So leicht lassen wir nicht von unseren Kategorien. Wenn wir aus irgendeinem Grund eine bestimmte Unterscheidung zwischen Menschen aufgeben, werden wir vermutlich eine andere dafür einsetzen.

Verständnis für den Charakter des Aktiven Denkens legt einen anderen Weg zur Bekämpfung von Vorurteilen nahe – einen, auf dem wir lernen, mehr statt weniger Unterscheidungen zwischen Menschen zu treffen. Wenn wir die Bedeutung von Kontext und die Existenz vielfältiger Perspektiven im Kopf behalten, sehen wir, daß die Wahrnehmung von Fähigkeiten und Unfähigkeiten sich ständig verändert, je nach dem Standpunkt des Beobachters. Dieses Bewußtsein bewahrt uns davor, eine Behinderung für die Identität eines Menschen zu halten. Statt eines «Krüppels», einer «Zuckerkranken», eines «Epileptikers» sähen wir dann einen Mann mit einem lahmen Bein, eine Frau mit Diabetes, oder einen Jugendlichen mit Krampfanfällen. Diese Unterscheidungen werden um so brauchbarer, je präziser sie werden, zum Beispiel: ein Mensch mit siebzigprozentiger Hörschwäche statt eines Tauben, jemand mit insulinunabhängigem Diabetes statt Diabetes.

114 Brown, R.: «Words and Things», New York 1956. – Bruner, J.: «Personality Dynamics and the Process of Perceiving» in: *Perception: An Approach to Personality*, ed. Blake, R. R. und G. V. Ramsey, New York 1951: 121–147.

Mit anderen Worten: ein Patient

Die meisten der Etiketts, die wir Menschen ankleben, sind global: ein Genie, ein Winzling, ein Homosexueller, ein Riese. Diese Etiketts beeinflussen allzu leicht jede andere Beurteilung eines Menschen oder unsere Reaktion auf ihn. Ich bemerkte diesen Effekt erstmals, als ich in der Psychologischen Abteilung des Krankenhauses von Yale meine Facharztausbildung machte. Wenn Leute durch die Tür der Klinik traten, hefteten sie sich selbst das Etikett «Patient» an, und genauso sah ich sie damals auch. Wenn wir über irgendein Verhalten oder ein Gefühl sprachen, das sie als problematisch empfanden, war ich auch geneigt zu sehen, was sie als abnorm bezeichneten. Ich betrachtete ihr Verhalten als im Einklang stehend mit dem Etikett Patient. Wenn ich später, außerhalb des Kontexts Therapie, bei Leuten, die ich privat kannte, auf genau dasselbe Verhalten stieß (etwa, daß jemand Mühe hat, eine Entscheidung zu fällen oder eine Verpflichtung einzugehen) oder auf dasselbe Gefühl (Schuldgefühle oder Angst vor Versagen), schien es mir vollkommen normal oder unter den gegebenen Umständen logisch. Um den Einfluß solcher Etiketts zu testen, entwarfen der Yale-Psychologe Robert Abelson und ich einen Versuch, bei dem wir die Videoaufnahme eines Gesprächs mit einem ganz durchschnittlich wirkenden Mann zeigten.[115] Er und der Interviewer saßen in Lehnstühlen einander gegenüber und sprachen über Arbeit. Dieses Videoband zeigten wir Psychotherapeuten. Der einen Hälfte von Therapeuten sagten wir, der interviewte Mann sei ein «Arbeitsuchender». Der anderen Hälfte von Therapeuten gegenüber nannten wir den Mann einen

115 Langer, E. und R. Abelson: «A Patient by Any Other Name...: Clinician Group Differences in Labelling Bias», *Journal of Consulting and Clinical Psychology* 42 (1980): 4–9.

«Patienten». Die Therapeuten, denen wir den Film zeigten, hatten zwei unterschiedliche Arten von Hintergrund. Die eine Hälfte war auf verschiedene herkömmliche Weise ausgebildet; die Ausbildung der anderen Hälfte legte besonderen Wert auf das Vermeiden von Etiketts.

Wenn wir den Mann im Film als Arbeitsuchenden bezeichneten, wurde er von beiden Gruppen von Therapeuten als ausgeglichen wahrgenommen. Wenn er als Patient bezeichnet wurde, sahen ihn diejenigen Therapeuten, die dazu ausgebildet worden waren, Etiketts zu vermeiden, noch immer als ausgeglichen an. Viele der anderen Therapeuten jedoch betrachteten ihn dann als Menschen mit ernsten psychischen Problemen.

Weil wir alle meistens mit Leuten unseresgleichen heranwachsen und unsere Zeit verbringen, sind wir geneigt, Übereinstimmungen und Gemeinsamkeiten anzunehmen. Wenn wir dann jemandem begegnen, der auf eine bestimmte Weise deutlich anders ist, lassen wir diese Annahme fallen und halten nach weiteren Unterschieden Ausschau. Oft stehen die wahrgenommenen Unterschiede in keinerlei logischer Verbindung zu dem sichtbaren Unterschied. Zum Beispiel vermuten wir wegen der ungewöhnlichen Gebärden eines Menschen mit zerebraler Paralyse leicht auch einen Unterschied in der Intelligenz. Diese fehlerhaften Annahmen führen oft dazu, daß die wahrgenommene Kluft zwischen «Abweichenden» und «Normalen» übertrieben wird. In dem folgenden Auszug aus «Gullivers Reisen» sehen wir, wie das abläuft, als Gulliver ein paar «seltsame Wesen» beobachtet:

«Ihr Äußeres war so sonderbar und abstoßend, daß ich etwas entsetzt war und mich hinter ein Dickicht legte, um sie besser beobachten zu können. Einige von ihnen kamen so nah an die Stelle, wo ich lag, daß ich sie genau beobachten konnte. Kopf und Brust waren mit dichten, bei einigen mit krausen, bei anderen mit strähnigen Haaren bedeckt. Sie trugen Bärte

wie Ziegen und einen langen Haarstreifen den Rücken entlang und auf der Vorderseite ihrer Beine und Füße. Der übrige
Körper war nackt, so daß ich ihre Haut erkennen konnte, die
von schmutzigbrauner Farbe war. Sie hatten keinen Schwanz,
und ihr Hinterteil mit Ausnahme des Afters war unbehaart.
Dies hatte, wie ich annahm, die Natur so eingerichtet, um
diesen Körperteil zu schützen, wenn sie auf dem Erdboden
saßen. Diese Stellung nahmen sie nämlich ebenso oft ein, wie
sie lagen oder auf ihren Füßen standen.» [116]

Wenn wir Menschen im täglichen Leben um uns herum
sehen, entgehen uns viele Einzelheiten: kleine Ticks, Gesten,
Merkmale wie Leberflecke, Lücken zwischen den Zähnen
und ähnliches. Wenn wir uns jemandem von Angesicht zu
Angesicht gegenübersehen, der anders ist, sind wir jedoch geneigt, diese Details oder Eigentümlichkeiten zu bemerken. Da
wir sie normalerweise nicht sehen, werden diese verschiedenen Eigenarten, die wir bei jemandem entdecken, den wir als
«abweichend» wahrnehmen, immer als extrem oder ungewöhnlich angesehen.

In einer anderen, in Harvard durchgeführten Untersuchung wurde drei verschiedenen Gruppen von Studenten ein
Videofilm vorgeführt. [117] Den Versuchspersonen der ersten
Gruppe wurde die Person in dem Film unter einem von
verschiedenen Etiketts vorgestellt: als Millionär, Homosexueller, ehemaliger Nervenkranker, Geschiedener, Krebspatient. Die zweite Gruppe von Studenten sah den Film, ohne
daß ihnen ein derartiges Etikett genannt worden war. Die
Studenten dieser Gruppe waren aber aufgefordert worden,

116 Swift, J.: «Gullivers Reisen», deutsch von Richard Mummen-
dey, Frankfurt/M., o. J. (1951).
117 Langer, E. und L. Imber: «The Role of Mindlessness in the Perception of Deviance», *Journal of Personality and Social Psychology 39*
(1980): 360–367.

sich den Film aufmerksam anzusehen und sich darüber Gedanken zu machen. Die dritte Gruppe sah den Film ohne alle Instruktionen wie eine Fernsehsendung. Die Zuschauer der beiden ersten Gruppen, ob sie nun ein Etikett für den Mann im Film genannt bekommen hatten oder nicht, sahen ihn genauer an, als die der dritten Gruppe. Beim Test hinterher erinnerten sie sich an mehr charakteristische Eigenarten richtig. Als wir später Dias von verschiedenen Leuten zeigten, darunter welche von dem Mann aus dem Film, und zwar einmal so, wie er war, und einmal «verkleidet» mit Schnurrbart und Brille, erkannten ihn die beiden ersten Gruppen. Sowohl das Etikett als auch die Aufforderung, genau aufzupassen, ließen diese Teilnehmer aktiver denken. Die dritte Gruppe erkannte ihn nicht.

Trotz der Genauigkeit beim Wiedererkennen aber bewerteten die beiden aktiv denkenden Gruppen (Etikett oder nicht) die Kennzeichen des Mannes im Film als außergewöhnlich. Sie glaubten, er sei anders als die meisten Leute, die sie kannten. Die dritte Gruppe sah den Mann im Film als ganz normal und gewöhnlich. Dem Ergebnis dieser Untersuchung können wir entnehmen, daß ein als abweichend etikettierter Mensch uns aktiver denken läßt (das heißt, wir bemerken besondere Einzelheiten); es zeigt aber auch, wie gedankenlos wir im allgemeinen sind. Die Züge und Details, die wir bemerken, wenn wir aktiv denken, werden für außergewöhnlich gehalten. Wenn wir diese aktiv denkend gesammelten Erkenntnisse nutzen, um Einstellungen der Voreingenommenheit zu rechtfertigen, werden Vorurteile wieder gestützt.

Das bemalte Gipsbein

Die aktiv denkende Neugier, die geweckt wird bei der Begegnung mit jemandem, der anders ist, und die zu übertriebener Wahrnehmung von Fremdartigkeit führen kann, kann uns diesem Menschen auch näherbringen, wenn sie anders gelenkt wird. Ein ganz undramatischer kleiner Zwischenfall in New Haven vor vielen Jahren machte mir diesen Effekt deutlich. Ich war auf dem Weg zum Supermarkt und bemerkte eine junge Frau, die mir entgegenkam. Sie trug einen Gehgips, und ich schaute darauf, als sie näher kam. Wir tauschten im Vorbeigehen ein freundliches Lächeln, und ich überlegte hinterher, warum diese Interaktion ein so erfreuliches Gefühl bei mir hinterlassen hatte. Ich hatte keinerlei Verlegenheit gespürt, als ich auf ihr Riesen-Gipsbein schaute. Der Gips war mit leuchtenden Farben bemalt gewesen – eine Aufforderung an mich und jeden anderen, darauf zu starren und darüber nachzudenken. Meine Neugier war legitimiert worden.

Als ich diese kleine Geschichte mit Kollegen besprach, entwickelte sich eine Hypothese, die erklärte, weshalb wir Begegnungen mit Menschen ausweichen, die körperlich anders sind, die aber auch zeigte, wie diese Wirkung umgangen werden kann. Der Mensch starrt jeden neuen Reiz an. Wenn dieser neue Reiz jedoch ein Mensch ist, verbietet uns unsere Zivilisation das Starren. Deshalb, so folgerten wir, wollen die Leute denen aus dem Weg gehen, die anders sind, weil sie den Konflikt vermeiden möchten zwischen dem Wunsch, sie anzustarren, und dem Gefühl, daß «man» das nicht tut. Der bemalte Gips hatte diesen Konflikt gelöst; man wurde geradezu eingeladen hinzuschauen. Da es den Konflikt nicht gab, brauchte man auch nicht auszuweichen. (So wie ich es jetzt sehe, rufen neue Reize Aktives Denken hervor. Wenn der Kontext für dieses Aktive Denken nicht tabu ist, laufen Interaktionen ganz problemlos ab.)

Um unsere Hypothese zu testen, planten wir einen Versuch.[118] Versuchspersonen wurden gebeten, in einem Wartezimmer zu warten, wo sie später eine von uns ausgesuchte Partnerin treffen sollten. Diese Frau, die sie noch nie gesehen hatten, trug entweder eine Beinschiene, oder sie war schwanger, oder sie hatte keine besonderen Kennzeichen. Durch eine gläserne Trennwand konnte man in einen anderen Warteraum sehen. Ganz nebenbei erklärten wir den Versuchspersonen, daß dies ein Versuchsraum sei und daß von der anderen Seite die Trennwand ein Spiegel sei. Die Partnerperson betrat den anderen Raum, und die Versuchsperson konnte sie ganz unbeobachtet betrachten. So konnte sie die andere Person anstarren, ohne verlegen sein zu müssen, bis der neue Reiz vertraut war. Für die zweite Hälfte der Versuchspersonen aber war ein Vorhang vor die Spiegelwand gezogen, so daß sie ihre Partnerin nicht heimlich betrachten konnten. Alle Versuchspersonen warteten in dem ersten Raum in der Annahme, daß der Versuch noch gar nicht angefangen habe.

Nach einer gewissen Zeit machten wir die Versuchspersonen mit ihrer Partnerin bekannt und beobachteten ihre Reaktionen. Diejenigen, die die Partnerin nicht zuvor hatten betrachten können, hielten mehr Abstand, wenn sie eine Beinschiene trug oder schwanger war. Zum Beispiel setzten sie sich weiter entfernt von ihr hin, als wenn es eine «normale» Partnerin war. Dieses Ergebnis war soweit noch nicht ungewöhnlich. Alle Menschen versuchen Leuten auszuweichen, die «abweichend» sind. Diejenigen Versuchspersonen dagegen, die die Partnerin vorab in Ruhe hatten betrachten und ihre Neugier hatten befriedigen können, setzten sich nicht weiter weg von der Schwangeren oder der Behinderten und

118 Langer, E., S. Taylor, S. Fiske und B. Chanowitz: «Stigma, Staring and Discomfort. A Novel Stimulus Hypothesis», *Journal of Experimental Social Psychology* 12 (1976): 451–463.

gaben auch sonst nicht zu erkennen, daß sie ihr auszuweichen wünschten. Dieses ganz unkomplizierte Experiment zeigt viele Möglichkeiten, wie Kontakte mit als anders wahrgenommenen Menschen (zum Beispiel in Schulen, wo behinderte Kinder integriert werden sollen) vermehrt werden können, indem man einen Ausweg für die aktiv denkende Neugier schafft.

Aktiv denkend anders sein

Wie wir im vorigen Kapitel gesehen haben, kann Aktives Denken in einer Firma oder einer sonstigen Institution durch einen Außenseiter gesteigert werden. Eine Behinderung oder sonst ein Etikett der Abweichung kann die gleiche Wirkung haben, wenn sie dazu führt, daß jemand die gemeinsame Einstellung einer Gruppe in Frage stellt.

Dyslexie kann, wie wir in Kapitel 7 gesehen haben, bei einem daran leidenden Menschen eine gewisse Neigung zum Aktiven Denken erhalten. Da Leute mit Dyslexie Buchstaben und Ziffern häufig anders sehen als andere Menschen, sind sie bereit, auch andere «anerkannte Fakten» nicht für selbstverständlich zu halten. Bei ihren Schularbeiten vertrauen sich dyslektische Kinder nicht gedankenlos vorgegebenen Lösungswegen an, schon weil sie gar nicht sicher sind, daß sie sie richtig aufgenommen haben. Lernen wird damit für diese Kinder eher flexibles Lernen, ein Modus, der potentiell zu größerer Kreativität führen kann, wie wir gesehen haben.[119]

Sensorische wie physische Behinderungen schaffen eine Reihe von Schwierigkeiten, die aktiv erdachte Lösungen erfordern. Ein tauber oder blinder oder auf einen Rollstuhl an-

119 Piper, A., E. Langer und J. Friedus: «Preventing Mindlessness: A Positive Side of Dyslexia», Harvard 1987.

gewiesener Mensch muß an einfache Tätigkeiten, die andere Leute gedankenlos erledigen, als an zu lösende Probleme herantreten. Hadi Madjid, ein in Harvard ausgebildeter blinder Wirtschaftswissenschaftler, erzählt, wie er gern mit seinen Freunden Ski laufen gehen wollte. Er hatte sich überlegt, daß er, wenn man an den Skistöcken eines Vordermannes Glöckchen befestigte, lernen könnte, hinter ihm her einen Hang hinabzuschwingen.[120] Der berühmte englische Physiker Stephen Hawking hat ein kompliziertes Kommunikationssystem nach dem anderen zu beherrschen gelernt (zum Beispiel eine Tastatur, die künstliche Sprache hervorbringt), um dem neurologischen Leiden, das die meisten seiner Muskeln gelähmt hat und ihn unfähig gemacht hat zu sprechen, immer um einen Schritt voraus zu bleiben.

Paradoxerweise kann das durch eine Behinderung oder andere Abweichung hervorgerufene verstärkte Aktive Denken noch eine Form schaffen, durch die sich ein Mensch von der Mehrheit unterscheidet. Vermehrtes Aktives Denken kann zu originellen Wahrnehmungen führen, die andere für wunderlich halten. Diese Wahrnehmungen sind oft sehr kenntnisreich (das heißt, sie entstehen dadurch, daß jemand mehr Details in seiner Umwelt bemerkt). Bei der Bekämpfung von Vorurteilen geht es deshalb nicht nur darum, daß wir der Mehrheit beibringen, weniger Urteile zu fällen, sondern auch, daß wir alle lernen müssen, die kreativeren Wahrnehmungen eines «behinderten» oder «abweichenden» Menschen zu achten.

Wenn die als abweichend betrachteten Menschen keine Zustimmung zu ihren neuartigen Ansichten von der Welt bekommen, tun sie sich oft mit anderen, ähnlich Betroffenen

---

120 Madjid, H.: «The Handicapped Person as a Scientific Puzzle in Search of a Solution», Paper presented at the annual meeting of the American Academy for the Advancement of Science, Boston 1988.

zusammen, um sich ihre Wahrnehmungen zu bestätigen. Das wiederum regt nicht immer zu fortgesetzter aktiver Denktätigkeit an. Die Bewußtheit steigernder Bemühungen, die zu gemeinsamen Einstellungen führen statt zu weiterem Infragestellen, können tatsächlich Gedankenlosigkeit nähren. Wenn sie erfahren, daß es ganz in Ordnung ist, alt zu sein oder schwarz, schwul, invalide, geschieden, exalkoholabhängig und so weiter, sind die Menschen weniger geneigt, ihre Wahrnehmungen in Frage zu stellen, auch nicht in Bereichen, die mit ihrem anderen Status oder Niveau von Fähigkeiten nichts zu tun haben.

Während einem behinderten Menschen eine aktiv denkende Betrachtung der Welt gemäß sein mag, erstreckt sich das nicht unbedingt auf die eigene Behinderung. Ein gedankenloses Akzeptieren von Beschränkungen im Zusammenhang mit bestimmten Handicaps kann an sich schon behindern. Diese Art von Gedankenlosigkeit, die die Erwartungen eines behinderten Menschen senkt, kann sich zum Schutz seiner Selbstschätzung entwickeln. Die Behinderung wird als Rechtfertigung für ein Versagen oder eine schwache Leistung eingesetzt. Solche Entschuldigungen kommen uns allen gelegen. Manchmal wenden Menschen ohne Behinderungen eine «selbstbehindernde» Strategie an, um Erklärungen für ein mögliches Versagen einzubauen.[121] Zum Beispiel fangen manche an zu trinken, oder sie lernen nicht vor einer Prüfung, damit sie das Gefühl entwickeln können, daß sie, wenn sie nicht getrunken oder mehr gepaukt hätten, bestanden haben würden. Diese konstruierten Erklärungen bekommen eher einen Beigeschmack von Rationalisieren im psychologischen

---

121 Jones, E. E. und S. Berglas: «Control of Attributions About the Self Through Self-Handicapping Strategies: The Appeal of Alcohol and the Role of Underachievement», *Personality and Social Psychology Bulletin* 4 (1978): 200–206.

Sinn als die überzeugenderen echten Behinderungen der anderen.

Stellen Sie sich etwa zwei Mädchen vor, die beide gern reiten und die jetzt Springen lernen wollen. Die eine hat Albinismus ererbt, der das Sehvermögen stark beeinträchtigen kann. Die zwei Teenager reiten gleich gut, und eines Tages üben sie zusammen Springen. Der Reitlehrer erhöht die Hürde mehrfach. Schließlich ist sie so hoch, daß beide Mädchen es nicht mehr schaffen; ihre Pferde verweigern.

Als sie zurückreiten, macht sich das «normale» Mädchen endlos Vorwürfe, während das Albinomädchen nicht so hart mit sich ins Gericht geht. Sie hat wegen ihrer Veranlagung nicht so strenge Erwartungen an sich selbst gestellt – ob zu ihrem Besten oder nicht. Menschen mit einer Behinderung sind vielleicht gegen die Auswirkungen eines Versagens besser geschützt, weil sie geringere Erfolgserwartungen hegen. Wenn jemand mit und jemand ohne Behinderung einer neuen Aufgabe gegenüberstehen und versagen (und sie dieses Versagen beide als Unfähigkeit begreifen), ist der Mensch mit der Behinderung besser gegen ein Absinken der Selbstachtung geschützt. Dieser Schutz kann jedoch einen solchen Menschen auch hemmen insofern, als geringe Erwartungen die Leistung beeinträchtigen.[122] In einer Gesellschaft, in der der Erfolg von größerem Wert ist als der Weg dahin[123] (nach unserer Definition einer gedankenloseren Gesellschaft), können Ab-

---

122 Langer, E. und B. Chanowitz: «A New Perspective for the Study of Disability», in *Attitudes Towards Persons with Disabilities*, ed. H. E. Yuker, New York 1987. Am besten dürfte es aber wohl sein, hohe Erwartungen an sich zu stellen und, wie in Kapitel 5 beschrieben, ein Versagen schlicht als uneffektive Lösungen zu betrachten, statt als Grund für verminderte Selbstachtung.

123 McClelland, D. C.: «Die Leistungsgesellschaft», deutsch von I. Y. Wendt, Stuttgart 1966.

weichung und Behinderung leicht zu verringerter Selbstachtung führen. Zum Beispiel kann ein tauber Student, der sein Verstehen bei Vorlesungen dauernd mit dem seiner Kommilitonen vergleicht, die keine Hörfehler haben, sich demoralisiert fühlen. Wenn jedoch derselbe Student statt dessen dem Beherrschen der Feinheiten beim Ablesen von den Lippen mehr Gewicht beimißt, dürfte ihn das sehr ermutigen. Tatsächlich könnte in einer prozeßorientierten Gesellschaft die Vorstellung von Abweichung viel weniger, wenn überhaupt, Bedeutung haben.

Behindernde Einstellungen

Wenn wir nicht mit einem Behinderten in der Familie aufwachsen, erfahren wir im allgemeinen Handicaps als für das eigene Leben nicht relevant. Gedankenlose Klischees (verfrühte kognitive Festlegungen) werden oft ganz unkritisch hingenommen. Wenn dann die Frage später relevant wird, sind diese Einstellungen (*Mindsets*) schwer zu erschüttern. Was passiert zum Beispiel bei Menschen, die nach einem Unfall behindert sind? Sie können Opfer ihrer eigenen Einstellungen werden. Wenn sie zum Beispiel ganz gedankenlos eine Verbindung zwischen körperlicher und geistiger Behinderung akzeptiert hatten, machen sie sich unter Umständen unnötig Sorgen, daß ihre geistigen Fähigkeiten auch in Mitleidenschaft gezogen sein könnten. Wenn eine Behinderung nicht bei uns selbst, sondern bei einem nahen Verwandten für uns Bedeutung bekommt, bei einem Kind zum Beispiel, können die alten Klischees die Beziehung belasten. Eltern, die eine antiquierte Vorstellung vom «Dorftrottel» hatten, reagieren auf ein taubstummes Kind, als ob es geistig behindert wäre.

Diese globalen Klischees verhindern auch, daß wir die Talente um uns herum nutzen. Angenommen, die Fußballmannschaft meiner Schule brauchte eine verbesserte Strategie gegenüber einem konkurrierenden Verein, und die Person, die da am besten helfen könnte, wäre eine bestimmte großartige Fußballstrategin, so würde sie vielleicht nicht zugezogen, wenn sie im Rollstuhl sitzt. Wenn Sie einen Politiker nicht wählen, weil er schwul ist, wenn Sie zu einem bestimmten Chirurgen nicht gehen, weil es eine Frau ist, zu einem Psychiater nicht, weil er blind ist, oder zu einer möglichen Eheberaterin nicht, weil sie nur einen Arm hat, lassen Sie sich vielleicht die qualifizierteste Person entgehen.

Die Definition von *Abweichung* kann natürlich an sich schon irreführend sein. Wir haben bereits davon gesprochen, daß jede Unterscheidung in Kategorien noch weiter zerlegt werden kann. Wenn wir uns dieser Unterscheidungen erst mal bewußt sind und genug daraus machen, ist es vielleicht nicht mehr möglich, die Welt unter Bedingungen von großen, polarisierten Kategorien wie schwarz und weiß, normal und behindert, homosexuell und heterosexuell zu betrachten. Bei Hautfarben ist das Problem ziemlich klar. Aber nehmen Sie die Unterscheidung zwischen Homo- und Heterosexuellen. Die Kategorien überlappen sich scheinbar nicht: es gibt Menschen, die Sex mit dem eigenen Geschlecht bevorzugen, die werden Homosexuelle genannt, und Menschen, die Sexualkontakte mit dem anderen Geschlecht haben, die werden Heterosexuelle genannt. Das ist wohl klar.

Bisexuelle, denen Sex mit beiden Geschlechtern Spaß macht, sind die erste deutliche Ausnahme bei dieser Unterscheidung. Weiter: wo sehen wir einen Mann, der sich in seinen Phantasien mit Sex mit Männern beschäftigt, aber nur Geschlechtsverkehr mit Frauen hat? Und was ist mit einem völlig abstinent lebenden Menschen? Oder einem verheirateten Transvestiten? Oder jemandem, der Verkehr mit einem Transsexuellen von gegenwärtig dem anderen Geschlecht hat? Was mit dem, der heterosexuell gewesen ist, dann einmal homosexuelle Erfahrungen gemacht hat und jetzt ohne Partner ist? Um das noch ein Stück weiterzuführen: wo sehen wir das sogenannte heterosexuelle Paar, oder meinetwegen auch das homosexuelle Paar, das keinen Geschlechtsverkehr miteinander mehr hat? Das ist eine gar nicht so kleine Gruppe.

Wenn die Kategorien «heterosexuell» und «homosexuell» sich nur auf die sexuellen Aktivitäten beziehen, dann könnte man die Leute in der Zeit, wo sie sich nicht sexuell betätigen, beiden Gruppen zuordnen. Wir könnten sie als hetero bezeichnen, wenn ihre letzte Aktivität heterosexueller Natur war, als homo, wenn sie homosexuell war. Wenn aber ihre sexuellen Erfahrungen überwiegend heterosexuell waren, sollten wir sie vielleicht doch als heterosexuell bezeichnen. Aber was ist, wenn ihre schönsten Erfahrungen homosexuelle waren? Und so weiter. Und dann: wenn die Definition von Sexualität mehr auf der Art des Verhaltens beruhte als darauf, wer beteiligt ist, welchen Sinn hätte es dann noch, Paare als schwul oder nicht schwul zu bezeichnen, wenn sie sich ähnlich verhalten? Wie soll man einen Mann einordnen, der impotent ist, aber noch versucht, seine Frau zu befriedigen, die Freude am Vorspiel ohne Geschlechtsverkehr hat?

Noch einleuchtender sind die Gründe dafür, daß es sinnlos ist, von körperbehinderten Menschen als einer Kategorie zu sprechen. Wenn man bestimmte Tätigkeiten beschreibt, für die ein Mensch mit einer bestimmten Behinderung weniger geeignet ist, reduziert sich die allgemeine Gültigkeit des Etiketts «behindert»; damit wird dann, wie schon gesagt, daraus nur einer von mehreren Aspekten einer Person statt ihrer Identität. Diese aktiv denkende Perspektive sollte die Bedeutung von Abweichung sowohl für den Betroffenen als auch für den Außenstehenden reduzieren, denn wir würden bald sehen, daß wir alle irgendwo «behindert» sind. Die Definition von Abweichung als Kategorie ist abhängig von einer anderen Kategorie, der von «Normalität»; sie schließen sich gegenseitig aus. Um «normal» zu definieren, muß man bewerten. Die Bezeichnung «querschnittsgelähmt» oder «zuckerkrank» oder «zu dick» oder «zu dünn» unterstellt, daß es eine ideale Art und Weise gibt, Mensch zu sein. «Abweichung» bedeutet, daß jemand nicht zu dieser sogenannten «normalen» Gruppe gehört. Die Vorstellung von Abweichung an sich ist sinnlos.

Differenzieren ohne Vorurteil

Eine aktiv denkende Anschauung erkennt an, daß wir alle in bezug auf manche von unseren Eigenschaften von der Mehrheit abweichen und auch, daß jede Eigenschaft oder Fähigkeit auf einem Kontinuum rangiert. Diese Erkenntnis führt zu *mehr* Kategorisieren und dementsprechend zu weniger globalen Stereotypisierungen; oder anders ausgedrückt: zunehmendes Differenzieren kann Vorurteile abnehmen lassen.

Um die Wirkung zunehmenden Aktiven Denkens bei Unterscheidungen auf die Wahrnehmung von Devianz zu überprüfen, führten Richard Bashner, Benzion Chanowitz und ich einen Versuch in einer Grundschule durch.[124] Wir wollten feststellen, ob Kinder, wenn wir sie ermunterten, selbständig

---

124 Langer, E., R. Bashner und B. Chanowitz: «Decreasing Prejudice by Increasing Discrimination», *Journal of Personality and Social Psychology 49* (1985): 113–120. Die Untersuchung ist hier vereinfacht wiedergegeben; tatsächlich wurde ein vorfabriziertes 2×2-Muster benutzt, in dem die uns interessierenden Variablen Übungen im Aktiven Denken (stark kontra schwach) $\times$ Zielperson (behindert kontra nichtbehindert) waren. Psychologen möchte ich dazu anregen, wegen der feineren Einzelheiten das Original zu lesen.

Unterscheidungen zu machen, lernen würden, daß Behinderungen abhängig sind von Aufgabe und Kontext. Wir zeigten den Kindern Dias von verschiedenen Leuten und gaben ihnen dann Fragebogen, auf denen die Gezeigten mit verschiedenen Arten von Fähigkeiten in Beziehung gesetzt waren. Die eigentliche Versuchsgruppe baten wir um mehrere Antworten auf jede Frage. Die Kontrollgruppe sollte auf jede Frage nur eine Antwort geben.

Die meisten von uns sind dazu erzogen worden, *die* Antwort auf eine Frage zu suchen, nicht *eine* Antwort. Wir kommen nicht oft auf mehrere Alternativen. Indem wir forderten, daß die Kinder der ersten Gruppe mehrere verschiedene Antworten auf jede Frage gaben, veranlaßten wir sie, aktiv denkend neue Unterscheidungen zu treffen. Die Gruppe, die nur eine Antwort gab (wenn auch für jedes Dia eine neue), übte diese Fähigkeit nicht. Unsere allgemeine Hypothese lautete, daß die Übung in Aktivem Denken zu *weniger unkritischen* Unterscheidungen führen würde.

Eins der Dias zeigte zum Beispiel eine Frau, die Köchin war. Sie wurde als taub bezeichnet. Die Versuchsgruppe wurde gebeten, vier Gründe zu nennen, weshalb sie für ihren Beruf gut geeignet sein könnte, und vier Gründe, weshalb sie vielleicht nicht gut geeignet wäre. Die Kontrollgruppe wurde aufgefordert, nur einen Grund für gut oder nicht gut anzugeben. Diese Gruppe bekam sechs weitere Fragen, die nur eine Antwort erforderten, um die Zahl der Antworten gleich hoch zu halten. Es wurden verschiedene Fragen dieser Art zu verschiedenen Berufen gestellt.

In einem zweiten Teil dieses Trainings zur Differenzierung wurden Problemsituationen vorgestellt und die Kinder gefragt, «wie» man sie lösen könne. Sie sollten so viele Möglichkeiten aufschreiben, wie ihnen einfielen (die Versuchsgruppe), oder sollten nur angeben, ob die Problemsituation gelöst werden könne (die Kontrollgruppe). Zum Beispiel bekamen sie eine Frau im Rollstuhl gezeigt und wurden entweder gefragt, *wie* diese Frau ein Auto fahren könne, oder sie wurden gefragt, *ob* sie ein Auto fahren könne.

Bei einer dritten Übung zum Treffen von Unterscheidungen sollten Erklärungen für Vorkommnisse gefunden werden. Wir zeigten den Kindern ein Dia und gaben ihnen eine kurze Beschreibung dessen, was da geschah (zum Beispiel, daß ein Mädchen in der Kantine Kaffee verschüttete). Die Versuchsgruppe wurde aufgefordert, verschiedene Erklärungen für die Situation zu geben, während sich die Kontrollgruppe wiederum nur eine Erklärung ausdenken sollte. Die Zahl der geforderten Erklärungen für jeden Fragenkomplex nahm bei der Versuchsgruppe im Laufe der Übung zu. Jedes Kind bekam die gleiche Anzahl von Dias gezeigt.

Nach all diesem «Training» wurden die Kinder mehreren Tests zur Bestimmung von Voreingenommenheit unterworfen. Dazu gehörte die Messung der Differenzierung bei Behinderung. Sie bekamen Dias gezeigt, auf denen Kinder mit und ohne verschiedene Behinderungen zu sehen waren, und sollten sagen, welches Kind sie in ihren diversen Teams haben wollten: in der Schachmannschaft, in der Fußballmannschaft, in der Singgruppe, beim Tauziehen, beim Rollstuhl-Rennen, beim Frisbee-Spiel, beim Wippen, beim Blindekuhspiel. Wir wählten die Behinderungen und die Tätigkeiten so aus, daß für manche Aktivitäten die nichtbehinderten, für andere die behinderten Kinder geeigneter sein mußten und für manche es keine Rolle spielte. Zum Beispiel war natürlich Erfahrung mit dem Rollstuhl wertvoll beim Rollstuhl-Rennen, so wie Blindheit beim Blindekuhspiel die Leistung nicht minderte. Beide aber wären beim Fußball keine große Hilfe, und beim Singen wären ihre Behinderungen ohne Bedeutung.

Unsere Ergebnisse zeigten: Kinder können lernen, daß Behinderungen funktionsspezifisch und nicht persönlichkeitsspezifisch sind. Diejenigen, die wir darin geübt hatten, aktiv denkend Unterscheidungen zu treffen, hatten gelernt, vorurteilslos zu differenzieren. Diese Gruppe versuchte auch Personen mit einem Handicap weniger auszuweichen als die Kontrollgruppe. Im wesentlichen hatten die Kinder gelernt, daß Eigenschaften relativ sind und nicht absolut, und daß es vom Kontext abhängt, ob etwas eine Behinderung ist oder nicht. Solche aktiv denkende Auffassung von Behinderungen könnte ein wertvoller Faktor werden, wenn diese Kinder heranwachsen und sich auf die große Kategorie zubewegen, die unsere Gesellschaft als untauglich bezeichnet, die der Älteren, oder wenn sie in die Kategorie «Patient» geraten.

Kapitel 10

Sich Gedanken machen: Aktives Denken und Gesundheit

«Gibt es eine Trennung zwischen Leib und Seele, wenn ja, was ist günstiger zu besitzen?»
Woody Allen: *Wie du dir, so ich mir*[125]

Wir lernen von Kindesbeinen an, Leib und Seele als voneinander getrennt zu sehen und den Körper bedingungslos für wichtiger zu halten. *«Sticks and stones may break your bones, but words can never hurt you»*, bekommen wir gesagt. Wenn mit unserem Körper etwas nicht in Ordnung ist, gehen wir zu der einen Art von Arzt, wenn seelisch etwas nicht stimmt, zu einer anderen. Diese Spaltung ist, lange bevor wir Grund haben, sie anzuzweifeln, auf vielfältige Weise in uns eingegraben. Es ist eine unserer stärksten Einstellungen, eine gefährliche verfrühte kognitive Festlegung.

Leib und Geist/Seele sind jedoch nicht immer als getrennt angesehen worden. Es hat Zeitalter und Kulturen gegeben, in denen dieser Dualismus nicht galt. Sir Charles Sherrington zeigt, als er von Aristoteles' Begriff der Seele spricht, daß «der Eindruck, den *De anima* hinterläßt, die feste Überzeugung des Aristoteles ist, daß der Körper und sein Denken nur ein Seiendes sind... die Einheit des lebendigen Körpers mit seiner Seele liegt der ganzen Beschreibung zugrunde»[126]. Noch

125 Allen, W.: «Wie du dir, so ich mir», deutsch von Benjamin Schwarz. Reinbek 1980.
126 Sherrington, Ch.: «Man on His Nature», New York 1953, S. 194.

heute sind bei den !Kung-Buschleuten in der südafrikanischen Kalahariwüste die Heilpraktiken für physische und psychische Störungen die gleichen. Ihre die ganze Nacht währenden Heilungstänze werden abgehalten, um Leiden zu behandeln, die von Eheproblemen über Erkältungen bis zu ungenügender Muttermilch reichen. Die Heilungsenergie der Gemeinschaft konzentriert sich auf den ganzen Menschen, nicht nur auf eine Krankheit oder einen Körperteil.[127]

Wie wir bei dem Thema Entropie in Kapitel 3 gesehen haben, haben viele Wissenschaftler, wie James Jeans und Arthur Eddington, die Auffassung in Zweifel gezogen, das Universum sei eine große Maschine, eine rein physikalische Realität. «Durch das physikalische Universum zieht sich der unbekannte Kontinent, der das Material für unser Bewußtsein liefert»[128], schrieb Eddington. In der Psychologie hat sich jedoch eine dualistische Ansicht erhalten. Da bis zum Ende des vorigen Jahrhunderts das Fach Psychologie als Zweig der Philosophie betrachtet wurde, waren die Vorstellungen der Psychologen von der Seele von denen der Philosophen abgeleitet. Die Trennung von Leib und Seele wird von vielen Historikern auf Descartes zurückgeführt, der die Seele als nicht materiell und den Körper als materiell ansah. Nur der Körper unterlag den Gesetzen der Mechanik. Obwohl viele spätere Denker diese Vorstellung verwarfen, hielt sie sich in der Psychologie sehr lange und tut es noch heute in der Art, wie die meisten von uns sich selber sehen.

Behavioristen wie Watson und Skinner bestritten diese Auffassung und führten an, daß Verhalten nur dann verstehbar sei, wenn man sich auf das konzentrierte, was sich beobachten ließe, einschließlich des jeweils Vorausgegangenen

127 Katz, R.: «Boiling Energy», Cambridge MA, 1982.
128 Eddington, A.: «The Nature of the Physical World», Ann Arbor, MI, 1958.

und der Folgen. Der frühe Behaviorismus ging davon aus, daß Verhalten von Umwelt oder Situation bestimmt würde, nicht aber seelisch-geistige Gründe hätte. Nach dieser Denkrichtung kann das Leben als ohne Bezug zu seelischen Vorgängen beschrieben werden; es gibt nur physikalische Reize und körperliche Reaktionen. Die Seele ist ein leeres Konstrukt, ein Epiphänomen.

Bis in die fünfziger Jahre hatten die Psychologen zu wählen zwischen Dualismus und Behaviorismus. Die Sprache des Dualismus blieb vorherrschend. Selbst unter denen, die sich nur mit der Verhaltensforschung beschäftigten, blieb, zumindest außerhalb der Laboratorien, implizit das Eingeständnis von dem Unterschied zwischen Geist/Seele und Körper bestehen. Heute hat sich in der Psychologie das Interesse auf die Kognitionsforschung verlagert. Während das Wort *Kognition* geistig-seelische Tätigkeit bedeutet, ist die Forschung auf diesem Gebiet so angelegt, daß Tests der Kognition und kognitiver Abläufe behavioristisch sind. Auf dem neueren Gebiet der *Neuroscience* scheint der Dualismus als Unterscheidung zwischen «*Mind*» und «*Brain*» wiederaufgelebt zu sein.

Dualismus: eine gefährliche Einstellung

All das wäre nur eine semantische oder akademische Frage, wenn die starre Auffassung von der Seele als vom Körper getrennt nicht ernste Folgen hätte. Zu den extremsten Folgen zählt das Phänomen des «psychogenen Todes». Die in Kapitel 4 erwähnte Patientin, die auflebte, als sie in eine hoffnungsvollere Abteilung verlegt wurde, und starb, als sie wieder in die Abteilung der «Hoffnungslosen» zurückmußte, zeigt, daß Unterscheidungen zwischen körperlicher und seelisch-geistiger Krankheit fragwürdig sind. Das Syndrom des «Nichtgedeihens», das in Institutionen zu beobachten ist, wo

Babies körperlich angemessen versorgt werden, aber nicht
ausreichend Kuschelwärme und Zuwendung bekommen, ist
eine weitere Folge, wenn die gegenseitige Abhängigkeit von
körperlicher und seelischer Gesundheit ignoriert wird.

Eine ähnliche Art von Dualismus, ebenfalls potentiell
schädlich, ist die Unterscheidung zwischen Denken und Fühlen (Kognition und Affekt). Obwohl allgemein Kognition als
notwendig für die Erfahrung von Emotion[129] vorausgesetzt
wird, haben manche Psychologen, unter ihnen William
James[130], Emotionen als ausschließlich körperlichen Zustand betrachtet. Eine Veränderung in den inneren Organen
ist nach dieser Ansicht die Emotion.[131] Robert Zajonc von
der Universität von Michigan hat nachgewiesen, daß man
keine Kognition braucht, um Affekte zu erfahren.[132] Er
zeigte, daß Versuchspersonen, wenn man ihnen Töne vor-
spielte, die sie bereits gehört hatten, ohne es zu wissen, und
andere, die sie noch nicht gehört hatten, die ihnen bekannten
Tonfolgen vorzogen, obwohl sie nicht auf der Basis von Vertrautheit zwischen ihnen unterscheiden konnten. Hier
scheint das Fühlen dem Denken vorauszugehen. Obwohl sie
nicht wußten, daß sie sie bereits gehört hatten, mochten sie
sie lieber.

Sinnvoll scheint es weder, die beiden Funktionen voneinan-

---

129 Schacter, S. und J. Singer: «Cognitive, Social and Psychological
Determinants of Emotional State», *Psychological Review 69* (1962):
379–399.

130 James, W.: «What Is Emotion?», *Mind 9* (1883): 188–204.

131 Lange, C.: «The Emotions», Baltimore 1922. – Cannon, W.:
«The James Lange Theory of Emotion: A Critical Examination and Alternative Theory», *American Journal of Psychology 39* (1927):
106–124.

132 Zajonc, R.: «Attitudinal Effects of Mere Exposure», *Journal of
Personality and Social Psychology Monograph Supplement 9 (Nr. 2,
Teil 2)* (1968): 1–27.

der zu trennen, noch zu versuchen, eine auf die andere zu-
rückzuführen. Noch reicht es, sie als schlicht miteinander in
Beziehung stehend zu sehen. Wenn man sie statt dessen als
Teil einer umfassenden simultanen Reaktion betrachtet, einer
Reaktion, die auf vielfach verschiedene Weise gemessen werden kann, könnte das erhellend sein. Zum Beispiel könnte ein
Intelligenztest sowohl als Messung des emotionalen Wohlbe-
findens eines Menschen im Augenblick des Tests betrachtet
werden als auch als Bewertung seines IQ.

Damit ein Reiz überhaupt emotional erregend wirkt, muß
er zunächst in irgendeiner Form gedacht sein. Um einen Löwen zu fürchten, muß man sich einen Löwen furchterregend
denken; um ein Pferd zu bewundern, muß man bewundernd
von einem Pferd denken und so weiter. Der Gedanke und die
körperliche Reaktion darauf treten gleichzeitig auf. Um
etwas zu sehen, muß man es von anderem unterscheiden. Um
etwas zu hören ebenso. Eine Figur kann nur vor einem Hintergrund erfaßt werden. Denn Wahrnehmung ist ein kon-
struktiver Vorgang; die gleiche Form liefert in verschiedenen
Kontexten verschiedene Reize. Ein Löwe im Käfig im Zoo
oder in der Zirkusarena ist nicht furchterregend. «Derselbe»
Löwe aus derselben Entfernung gesehen in Ihrem Garten dagegen dürfte ziemlich großes Erschrecken hervorrufen. Wenn
ein Löwe in dem einen Kontext Angst erregt, im anderen jedoch nicht, dann muß man, bevor das Angstgefühl erfahren
werden kann, den Angst-Kontext selbst herstellen.

Kontexte werden erlernt. So ist das meiste von dem, was
Emotionen hervorruft, erlernt. Und die emotionalen Kontexte werden im allgemeinen auf einseitige Weise gelernt.
Man bringt Kindern nicht bei, daß die Art, wie sie sich in
einem bestimmten Kontext fühlen, entweder Angst oder Vergnügen sein könnte. Statt dessen lehrt man Kinder, daß
Schlangen gefährlich sind, Sonnenuntergänge friedlich, Mütter (und mütterliche Menschen) liebevoll. Emotionen beru-

hen auf verfrühten kognitiven Festlegungen. Wir erfahren sie, ohne zu ahnen, daß sie etwas anderes sein könnten, ohne das Bewußtsein, daß dies die Art und Weise ist, wie wir selbst, wenn auch passiv, unsere Erfahrungen konstruiert haben. Wenn jemand oder etwas der «Wahrheit» dieser emotionalen Assoziationen, auf die wir uns festgelegt haben, widerspricht, verweisen wir darauf, daß sie sich aber richtig anfühlen. Da sie sich richtig anfühlen, sind sie auch wahr. Aber vielleicht fühlen sie sich nur deshalb richtig an, weil sie der Art entsprechen, auf die wir sie ursprünglich gelernt haben, genauso wie eine Melodie falsch klingt, wenn sie etwas anders gespielt wird, als wir sie zunächst kennengelernt haben.

Wenn wir nicht genau hinsehen und feststellen, daß derselbe Reiz in anderen Kontexten ein anderer Reiz ist, werden wir Opfer der Assoziationen, die wir selbst konstruiert haben. Wenn wir von unerwünschten Emotionen geplagt werden, nehmen wir an, es könnte nicht anders sein.

Der Körper im Kontext

Eine ganzheitliche Betrachtung von Denken und Emotion macht es uns möglich, die Bedeutung von Kontext für unsere Gesundheit und unser Wohlbefinden zu begreifen. Nehmen wir etwa die Angst, die uns packt, wenn der Arzt eine Probeexzision für eine Krebsuntersuchung vornimmt. Bei einem kleinen Knoten in der Brust oder einem Muttermal ist oft nur ein winziger Schnitt erforderlich, der nicht größer ist als beim Herausschneiden eines Splitters. Unsere Angst beruht auf unserer *Interpretation* dessen, was der Arzt macht, und bezieht sich nicht auf die eigentliche Prozedur. Unser Denken schafft den Kontext, der unser Fühlen bestimmt. Wenn wir über Gesundheit nachdenken, und vor allem, wenn wir versuchen, die Wirkung einer Krankheit zu verändern oder das Verhalten, das zu Krankheit führt, ist ein Verständnis des Kontexts entscheidend wichtig.

Wenn wir an die verschiedenen Einflüsse auf unsere Gesundheit denken, glauben wir, daß viele von ihnen von außen kommen, aus unserer Umwelt. Aber jeder äußere Einfluß ist durch einen Kontext vermittelt. Die Reaktion unserer Körper spiegelt keine Entsprechung eins zu eins zu Reizen in der Außenwelt, weil es keine Eins-zu-eins-Entsprechung zwischen der Außenwelt und unserer Wahrnehmung von ihr gibt. Jeden Reiz kann man als viele Reize zugleich ansehen. Unsere Wahrnehmungen und Interpretationen beeinflussen die Art unserer körperlichen Reaktionen. *Wenn der «Geist» in einem Kontext steckt, tut es der «Körper» notwendig auch.* Um einen anderen physiologischen Zustand zu erreichen, müssen wir manchmal den Geist in einen anderen Kontext versetzen.

Die Wirkung des Kontexts auf den Körper kann beträchtlich sein, so sehr, daß er fundamentale Bedürfnisse beeinflußt. In einem Experiment zum Thema Hunger litten Versuchspersonen, die aus persönlichen Gründen eine längere Zeit fasteten, weniger unter dem Hunger als Versuchspersonen, die aus äußeren Gründen fasteten (in diesem Fall wegen des wissenschaftlichen Werts der Untersuchung und der Bezahlung von 25 Dollar).[133] Ein Honorar oder andere äußere Gründe dafür, eine schwierige Aufgabe zu übernehmen, ändern vielleicht unsere Haltung gegenüber dieser Aufgabe nicht. Wenn wir uns jedoch frei dafür entscheiden, die Aufgabe zu erledigen, bedeutet das, daß wir schon eine bestimmte Haltung ihr gegenüber eingenommen haben. In dem Experiment meldeten diejenigen, die sich aus einem persönlichen Engagement heraus festgelegt hatten, weniger Hunger. Bei ihnen nahmen

133 Brickman, P.: «Commitment, Conflict and Caring», Englewood Cliffs, NJ, 1987.

auch die freien Fettsäuren – ein physiologischer Indikator für
Hunger – weniger zu. So bewirkte die andersartige Geisteshaltung einen anderen körperlichen Zustand.

Die Wirkung von Kontext auf Schmerzen ist schon lange
bekannt. In *The Principles of Psychology* beschreibt William
James einen Dr. Carpenter, der sehr unter Neuralgie litt:

«Er hat mehrfach eine Vorlesung begonnen, während er
unter so heftigen Neuralgieschmerzen litt, daß er befürchtete,
er werde nicht durchhalten können; sobald es ihm jedoch gelungen war, sich mit einer entschlossenen Anstrengung ganz
in den Strom des Denkens zu versenken, stellte er fest, daß
dieser ihn ohne Ablenkung trug, bis er zum Ende kam und die
Aufmerksamkeit nachließ; dann kehrten die Schmerzen mit
einer Heftigkeit zurück, die all seinen Widerstand überwand
und ihn staunen ließ, daß er so hatte aufhören können, ihn zu
fühlen.»[134]

Wenn es einem gelingt, nicht an Schmerz zu denken,
scheint er zu verschwinden. Wenn umgekehrt der Geist zu
den Schmerzen zurückkehrt, tut der Körper es auch. Wenn
man einen schmerzhaften Reiz uminterpretieren kann, hört
er vielleicht auf, schmerzhaft zu sein. Das Ergebnis so einer
Strategie kann möglicherweise dauerhafter sein als schlichte
Ablenkung, weil der Geist, wenn man den Schmerz einmal
neu interpretiert hat, wahrscheinlich nicht zu der ursprünglichen Interpretation zurückkehren wird. In Kapitel 5 haben
wir gesehen, daß Patienten lernen können, Schmerz zu ertragen, wenn sie ihn in einem anderen Kontext sehen (indem sie
an Schrammen beim Fußballspiel denken oder daran, daß
man sich bei der Vorbereitung eines Abendessens schneiden
kann). Diese Übung in Aktivem Denken verhalf ihnen dazu,
daß sie weniger Schmerztabletten und Beruhigungsmittel

134 James, W.: «The Principles of Psychology» (1890), Cambridge
MA, 1981.

brauchten und das Krankenhaus eher verlassen konnten als andere vergleichbare Patienten.

Henry Knowles Beecher verglich die Häufigkeit von so starken Schmerzen, daß Schmerzmittel erforderlich waren, bei verwundeten Soldaten im Zweiten Weltkrieg und einer entsprechenden Gruppe von Zivilisten.[135] Obwohl die Soldaten schwere Wunden hatten, brauchten nur 32 Prozent Medikamente, die Zivilisten jedoch zu 83 Prozent. Robert Ulrich berichtete, daß Patienten, die in einem Krankenzimmer mit Blick auf Bäume mit leuchtendem Herbstlaub lagen, nach einer Gallenblasenoperation weniger lange im Krankenhaus bleiben mußten und weniger Schmerzmittel brauchten als Vergleichspatienten mit Blick auf eine Ziegelmauer.[136]

Zu dem Krankenhauskontext gehört seine Fremdartigkeit. Wenn sie aber anders betrachtet wird, kann diese Unvertrautheit verschwinden. Ärzte, Schwestern und Pfleger sind Menschen. Fenster sind Fenster, und Betten sind Betten. Trotzdem räumen wir der Fremdheit, die wir wahrnehmen, solche Wirkung ein. In einer aufregenden Untersuchung hat K. Järvinen sich mit Patienten beschäftigt, die schwere Herzanfälle hinter sich hatten, und festgestellt, daß die Gefahr eines plötzlichen Todes fünfmal so hoch war, wenn fremdes Personal die Visite machte, als sonst in der vergleichbaren Zeit zu erwarten gewesen wäre. Dabei lag die Fremdheit aber nicht in der Belegschaft. Neuheit und Vertrautheit sind Eigenschaften, die wir selbst der Umwelt zuteilen.[137] Wenn man diesen Patienten

135 Beecher, H. K.: «Relationship of Significance of Wound to Pain Experience», *Journal of American Medical Association 161* (1956): 1609–1613.

136 Ulrich, R. S.: «View from a Window May Influence Recovery from Surgery», *Science 224* (1984): 420–421.

137 Bewußtsein davon, daß Fremdheit/Vertrautheit soziale Konstruktionen sind, ermöglicht einen großen Teil persönlicher Kontrolle.

beigestanden und ihnen gezeigt hätte, daß das neue Pflegepersonal den Leuten ähnlich war, die sie kannten und mochten –
es also weniger fremd hätte erscheinen lassen –, wären die
Folgen vielleicht andere gewesen.[138]

Der Kontext kann sogar die Schärfe unserer Sinne beeinflussen. Das stellte sich bei einer Untersuchung von Sehvermögen heraus, die ich zusammen mit einigen studentischen
Kollegen in Harvard durchführte.[139] Wir machten uns die
verbreitete Überzeugung zunutze, daß Piloten gut sehen
könnten. Unsere Versuchspersonen waren Offiziersanwärter
aus dem Übungslager für Reserveoffiziere. Sie wurden aufgefordert, sich als Piloten der Air Force zu sehen – das heißt, sie
sollten versuchen, Piloten zu *sein*, nicht die Rolle spielen.
Nach unserer Hypothese würden ihre Augen dem entsprechen, was ihrem Denken nach die Sehfähigkeit eines Piloten
war. Einer der Forscher, Mark Dillon, war Reserveoffizier,
und es gelang ihm, uns die Möglichkeit zur Benutzung eines
Flugsimulators zu verschaffen. Unsere Versuchspersonen zogen Uniformen an, bekamen ihre Instruktionen und «flogen»
den Simulator, eine Tätigkeit, die dem richtigen Fliegen schon
sehr nahe kommt. Eine Kontrollgruppe bekam ebenfalls Uniformen, aber für sie war der Simulator kaputt, und sie mußten die Simulation simulieren.

Von Sehfähigkeit wurde gar nicht gesprochen. Zu Beginn
der Untersuchung waren alle einer kurzen allgemeinen Unter-

Zum Beispiel kann man, um Ängstlichkeit abzubauen, nach den vertrauten Elementen in einer Situation suchen; eine vorteilhafte Strategie
wäre es aber auch, wenn man Langeweile hat, nach neuartigen Zügen zu
suchen.

138 Järvinen, K.: «Can Ward Rounds Be a Danger to Patients with
Myocardial Infarction?» *British Medical Journal* 1 (4909) (1955):
318–320.

139 Langer, E., M. Dillon, R. Kurtz und M. Katz: «Believing is See-
ing», Harvard 1988.

suchung unterzogen worden, zu der auch ein Sehtest gehörte. Während des Fluges (oder des vorgeblichen Fluges, je nachdem, welcher Gruppe sie angehörten) wurden die Versuchspersonen aufgefordert, die Beschriftungen auf der Tragfläche eines anderen Flugzeugs, das sie vom Cockpitfenster aus sehen konnten, zu lesen. Die Buchstaben dieser «Beschriftung» stammten in Wirklichkeit aus einer Sehtesttabelle. Auch wenn die Ergebnisse noch einer Bestätigung bedürfen: die Sehfähigkeit besserte sich bei ungefähr 40 Prozent der Versuchspersonen im Piloten-Kontext, dagegen bei keiner der Personen aus der Kontrollgruppe. Als wir weitere Gruppen hinzunahmen, um Wachheit und Motivation zu kontrollieren, blieben die Ergebnisse im wesentlichen dieselben.

Der Kontext beeinflußt die Physiologie der Tiere ebenso wie die der Menschen. Bei Ratten führt ständige Überbelegung, vor allem während des Heranwachsens und der Entwicklung, zu vergrößerten Nebennierendrüsen und Hypophysen.[140] Eine andere Untersuchung zeigt, daß die festgestellten Unterschiede in Gewicht und Dicke der Großhirnrinde bei Ratten in anregender Umgebung verglichen mit denen bei Ratten in der Isolation bestehen bleiben, solange die Ratten in dieser unterschiedlichen sozialen Situation leben.[141] Viele weitere Untersuchungen haben ähnliche anatomische Veränderungen durch psychische Einflüsse gezeigt.

Ein großer Teil der neueren Forschung ist der Untersuchung des Einflusses der inneren Haltung aufs Immunsystem

140 Bell, R. W., C. E. Miller, J. M. Ordy und C. Rolsten: «Effects of Population Density and Living Space Upon Neuroanatomy, Neurochemistry and Behavior in the C57B1–10 Mouse», *Journal of Comparative and Physiological Psychology 75* (1971): 258–263.

141 Rosenzweig, M., E. L. Bennett und M. Diamond: «Brain Changes in Response to Experience», *Scientific American 226, Nr. 2* (1972): 22–29.

gewidmet. Das Immunsystem wird für den Mittler zwischen psychischen Zuständen und körperlicher Krankheit gehalten. Der emotionale Kontext, das heißt, unsere Interpretation des Geschehens um uns herum, wäre somit das erste Glied in einer Kette, die zu ernsten Krankheiten führt. Richard Totman, ein englischer Klinik-Psychologe, beschreibt eine mögliche «psychosomatische» Kette:

«Psychologische Zustände könnten durch ihre Einwirkung auf die höheren Gehirnzentren und den limbischen Hypothalamus-Hypophysen-Nebennieren-Weg einige der empfindlichen Bahnen stören, welche die Reaktionen des Körpers auf eine große Anzahl von Krankheiten bestimmen, an denen das Immunsystem beteiligt ist. Diese reichen von Infektionen und Allergien bis zu Arthritis, auto-immunen Erkrankungen und Krebs und umfassen auch zahlreiche andere degenerative Beschwerden, die mit dem Alterungsprozeß verbunden sind. Es dürfte also kein Mangel herrschen an potentiellen ‹Zugangswegen› für psychologische Einflüsse bei der Verursachung derartiger Leiden.» [142]

Da Kontext etwas ist, das wir unter Kontrolle haben, ist die fortschreitende Aufhellung dieser Verbindungen zwischen psychischen Zuständen und Krankheit eine erfreuliche Nachricht. Für ausschließlich physiologisch und unheilbar gehaltene Krankheiten sind vielleicht der persönlichen Kontrolle zugänglicher, als wir in der Vergangenheit angenommen haben.

Selbst wenn der Verlauf einer Krankheit sich unerbittlich zu entwickeln scheint, können unsere Reaktionen darauf aktiv denkend oder gedankenlos sein und ihren Einfluß auf uns verändern. Eine sehr verbreitete Einstellung zum Beispiel ist die, daß Krebs den Tod bedeutet. Selbst wenn die Geschwulst

---

[142] Totman, R.: «Was uns krank macht», deutsch von Elke vom Scheidt, München 1982.

noch keine Körperfunktionen beeinträchtigt, betrachtet man sich kaum noch als gesund, wenn eine Bösartigkeit festgestellt ist. Gleichzeitig aber gibt es mit Sicherheit Menschen, die mit nicht festgestelltem Krebs herumlaufen und sich als gesund betrachten. Viele Ärzte haben beobachtet, daß nach einer Krebsdiagnose die Patienten einem Siechtum zu verfallen scheinen, das nichts mit dem eigentlichen Verlauf der Krankheit zu tun hat. Als ob sie «sich zur Wand drehten» und zu sterben begännen.

Sucht im Kontext

Während Alkoholismus und Drogenabhängigkeit oft als unbeherrschbare Probleme angesehen werden, die zu behandeln sehr schwierig sind, gibt die Bedeutung von Kontext bei beiden Anlaß zur Hoffnung. Zum Beispiel kann sogar der Grad der Vergiftung verändert werden, wenn man die Erwartungen des Trinkers ändert. In einem Versuch teilten die Forscher die Versuchspersonen in solche, die ein alkoholisches Getränk (Wodka und Tonic) *erwarteten*, und die, die ein nichtalkoholisches Getränk (Tonic) erwarteten. Ihnen war gesagt worden, sie nähmen an einem Geschmackstest teil, und sie wurden aufgefordert, die Getränke nach Belieben zu prüfen und zu bewerten. Ungeachtet der vermuteten physiologischen Wirkung des Alkohols auf das Verhalten hatte die Erwartung den eigentlichen Einfluß. Was die Versuchspersonen erwarteten, bestimmte, wieviel sie tranken, wie aggressiv sie sich verhielten und allgemein, wie berauscht sie zu sein schienen.[143] In einer ähnlichen Untersuchung stellten Forscher fest, daß die Männer derjenigen Gruppen, die glaubten, Al-

143 Marlatt, G. A. und D. J. Rohsenow: «Cognitive Processes in Alcohol Use: Expectancy and the Balanced Placebo Design», in *Advance*

kohol bekommen zu haben, gleichgültig ob das zutraf oder nicht, eine Neigung zur Verlangsamung der Herztätigkeit zeigten.[144]

Das sind nur ein paar von den vielen Untersuchungen, die zeigen, daß das Denken vielleicht eine mächtigere Determinante bei den als von Alkohol abhängig geglaubten physiologischen Reaktionen ist als die tatsächlichen chemischen Eigenschaften des Alkohols. Die Possen all der Generationen von Jugendlichen bei Parties sind vermutlich genauso vom Kontext beeinflußt wie von der Menge des konsumierten Biers. Wie wir in Kapitel 3 gesehen haben, wachsen wir alle mit unveränderlichen verfrühten kognitiven Festlegungen heran, was die Wirkung von Alkohol auf das Verhalten angeht. Diese Einstellungen haben einen mächtigen Einfluß auf die Rolle, die der Alkohol in unserem späteren Leben spielt.

Drogenberater haben beobachtet, daß Heroinabhängige weniger über Entzugserscheinungen berichten, wenn sie sich nicht selbst als Abhängige betrachten. Diejenigen, die die gleiche Menge Heroin nehmen und sich als abhängig bezeichnen, leiden oft viel stärker unter Entzugserscheinungen. Informelle Berichte von Leuten, die mit Heroinabhängigen arbeiten, zeigen, daß diejenigen Abhängigen, die in Gefängnisse mit dem Ruf der «Sauberkeit» geschickt werden (also solche, von denen angenommen wird, daß sie dort keinerlei Zugang zu Drogen bekommen), keine intensiven Entzugserscheinungen durchzumachen scheinen, während Abhängige in anderen Institutionen, wo sie keine Drogen bekom-

in Substance Abuse: Behavioral and Biological Research, Vol 1, ed. N. K. Mello (1980), S. 199.

144 Wilson, G. und D. Abrams: «Effects of Alcohol on Social Anxiety and Physiological Arousal: Cognitive versus Pharmacological Procedures», Cognitive Therapy and Research 1 (1977): 195–210.

men, aber glauben, sie können sich vielleicht welche besorgen, alle Qualen des Entzugs durchmachen. Aus dem Sinn, aus dem Körper.

Der starke Einfluß des Kontexts auf die Sucht zeigt sich auch bei der Arbeit mit Vietnam-Kriegsteilnehmern. In einer von Lee Robbins und seinen Kollegen durchgeführten Untersuchung wurden Soldaten, die in Vietnam Drogenprobleme hatten, verglichen mit einer ähnlichen Gruppe von Abhängigen, die sich das Drogennehmen in der Heimat angewöhnt hatten. Die Kriegsteilnehmer könnten Drogen genommen haben, um mit der akuten Belastung des Krieges fertig zu werden. Da diese äußere Rechtfertigung in Vietnam zurückgeblieben war, war es auch das von ihnen wahrgenommene Bedürfnis nach Drogen.[145]

Eine noch dramatischere Wirkung des Kontexts wurde mit Bezug auf die Überdosis berichtet.[146] So wie die Erfahrung mit einer Droge – einem Opiat etwa – zunimmt, wächst auch die Widerstandsfähigkeit. Die Abhängigen steigern sich zu Dosen, die zuvor tödlich gewesen wären. Viele sterben jedoch an einer Dosis, die eigentlich *nicht* tödlich hätte sein müssen. Shepard Siegel und seine Kollegen haben die Vermutung geäußert, daß das Versagen der Widerstandsfähigkeit am Tag der Überdosis eine Funktion des Kontexts ist. In einem Experiment mit Ratten stellten sie folgendes fest: Wenn eine große Dosis verabreicht wurde, während es Hinweise gab, die mit früheren, nicht tödlichen Dosen assoziiert waren, überlebten die Ratten eher als Vergleichstiere mit den gleichen Dosen

145 Robbins, L., D. David und D. Nurco: «How Permanent was Vietnam Drug Addiction?» *American Journal of Public Health* 64 (1974): 38–43.

146 Siegel, S., R. Hirsan, M. Krank und Y. McGully: «Heroin Overdose Death: Contribution of Drugs as Actual Environment Cues», *Science* 216 (1982): 436–437.

aber in Situationen, die nicht mit der Droge zu einem früheren Zeitpunkt in Verbindung gebracht werden konnten. Die Widerstandsfähigkeit beider Gruppen von Ratten sank, wenn sie die Drogen in einer ihnen unbekannten Umgebung bekamen. Siegel und seine Kollegen folgern: «Die identische pharmakologische Vorgeschichte vor dem Test führt nicht notwendig dazu, daß die gleiche Widerstandsfähigkeit gegenüber der tödlichen Wirkung von Heroin gezeigt wird.» In jeder ihrer Versuchsreihen starben die Tiere in der unbekannten Testsituation eher an einer Überdosis als die in der vertrauten Situation.

Wenn der Kontext nicht nur die Heftigkeit der Entzugserscheinungen verändert, sondern sogar die Wirkung der Überdosis, könnte Drogenabhängigkeit kontrollierbarer sein, als allgemein angenommen wird. Denn im Gegensatz zu Ratten können Menschen sowohl den Kontext der Situation verändern (zum Beispiel, indem sie sich in eine vertraute oder drogenfreie Umgebung versetzen oder das Vertraute in einer scheinbar fremden Umgebung suchen) als auch, was noch wichtiger ist, den emotionalen Kontext (die Bedeutung der Abhängigkeit).

Wir alle kennen Leute, die ganz plötzlich aufgehört haben zu rauchen. Haben sie Erfolg, weil ihr Entschluß aufzuhören die Entzugserscheinungen in einen neuen Kontext gestellt hat? Jahrelang habe ich von Zeit zu Zeit zu rauchen aufgehört, es dann zu schwierig gefunden und wieder angefangen wie so viele Leute. Als ich vor fast zehn Jahren das letzte Mal aufhörte, spürte ich keine Entzugserscheinungen. Das war keine Sache der Willenskraft, ich hatte einfach nicht den Drang zu rauchen. Wohin war er verschwunden?

Jonathan Margolis und ich untersuchten diese Frage in zwei Stufen. Zunächst versuchten wir herauszubekommen, ob Raucher in einem Nichtraucher-Kontext starkes Verlan-

gen verspürten.[147] Wir befragten Raucher in drei Situationen: im Kino, bei der Arbeit, an einem religiösen Feiertag.
Im Kassenraum eines Kinos, in dem das Rauchen im Vorführ-
raum verboten war, traten wir an Leute heran, die rauchten,
und fragten sie, ob wir sie einmal während des Films kurz
befragen dürften und dann abermals auf ihrem Weg hinaus,
bevor sie sich eine Zigarette angezündet hätten. Bei der Arbeit testeten wir Versuchspersonen in Situationen, wo Rauchen verboten war sowie vor und nach einer Pause, in der es
erlaubt war. Schließlich befragten wir orthodoxe Juden, denen ihre Religion verbietet, am Sabbat zu rauchen, an dem
geheiligten Tag sowie gleich danach. Die Ergebnisse in all diesen Situationen waren sich ziemlich ähnlich. Die Leute litten
im Nichtraucher-Kontext nicht an Entzugserscheinungen.
Wenn sie in einen Kontext zurückkehrten, in dem das Rauchen gestattet war, tauchte ihr Verlangen jedoch wieder auf.

All diese Versuchspersonen entkamen dem Drang zu rauchen auf höchst gedankenlose Art. Hätten sie das auch gezielt
erreichen können? «Ich kann allem widerstehen außer der
Versuchung», sagt jemand in Oscar Wildes *Lady Winder-
meres Fächer*. Unsere Frage lautet: Kann der Mensch die Erfahrung von Versuchung kontrollieren?

Um diese Frage zu klären, entwarfen Jonathan und ich ein
zweites Experiment; dabei gingen wir davon aus, daß ein ak-
tiv denkender Süchtiger seine Sucht aus mehr als nur einer
Perspektive sehen würde.[148] Wenn man vorurteilslos an die
Sache herangeht, wird einem klar, daß Sucht Vorteile und
Nachteile hat. Obwohl das vielleicht auf der Hand liegt, ist
dieser Standpunkt ungewöhnlich bei jemandem, der mit einer
Angewohnheit oder einer Sucht brechen will. Menschen, die

147 Margolis, J. und E. Langer: «An Analysis of Addiction from a
Mindlessness/Mindfulness Perspective», im Druck.
148 Ebd.

das Rauchen aufgeben wollen, beschäftigen sich zum Beispiel meistens nur mit den negativen Folgen des Rauchens. Sie denken an das Gesundheitsrisiko, den schlechten Geruch, anderer Leute Reaktion auf den Rauch und so weiter. Während sie aber rauchen, denken Raucher nicht an ihre Gesundheit oder den schlechten Geruch, deshalb geht der Versuch, es aus diesen Gründen aufzugeben, oft schief. Der Grund dafür, daß es schiefgeht, ist zum Teil der, daß die *positiven* Aspekte der Sucht noch so verlockend sind. Die Entspannung, der Geschmack, der Reiz von Geselligkeit, wenn man «auf eine Zigarettenlänge» vorbeikommt, bleiben verführerisch. Eine Haltung Aktiven Denkens wäre etwa, all diese Genüsse sorgfältiger zu betrachten und sich andere Wege auszudenken, auf denen man sie erreichen könnte. Wenn das von einer Sucht befriedigte Bedürfnis sich auch auf andere Art befriedigen läßt, könnte man es leichter abschütteln.

Um zu prüfen, ob diese doppelte Perspektive wirksam war, wenn Leute das Rauchen aufgaben, probierten Jonathan und ich es mit einer indirekten Taktik. Wir suchten uns eine Gruppe von Versuchspersonen heraus, die das Rauchen bereits aufgegeben hatten, und gratulierten jeder zu dem Erfolg. Wir achteten dann sehr sorgfältig darauf, ob sie unsere Komplimente akzeptierten. Um diese Strategie zu verstehen, stellen Sie sich bitte vor, daß man Ihnen gratuliert, weil Sie Wörter mit drei Buchstaben richtig schreiben können. Komplimente haben keine Bedeutung, wenn die Aufgabe leicht ist. Wenn Sie jedoch eine ungeheuer schwierige Aufgabe gelöst haben, ist ein Kompliment wahrscheinlich sehr willkommen. Dann befragten wir die gleichen Personen, welche Faktoren sie bedacht hätten, als sie beschlossen, das Rauchen aufzugeben. Diejenigen, die einseitige Antworten gaben und nur von den negativen Folgen sprachen, akzeptierten unsere Komplimente eher. Diejenigen, die beide Seiten einbezogen, zuckten dagegen nur die Achseln. Monate später nahmen wir noch einmal mit den Versuchspersonen Kontakt auf, um zu sehen, ob sie noch immer nicht rauchten. Von denen, die wir erreichten, waren die, die auch die positiven Aspekte erwogen und die Komplimente abgewehrt hatten, offenbar erfolgreicher beim Nichtrauchen.

Diese Arbeit erschließt weitere interessante Ansatzpunkte zur Suchtforschung und -therapie. Wenn positive Gründe für die Sucht anzuerkennen und Ersatz zu finden auch nicht einfach ist, so kann doch die Bemühung darum uns helfen, aktiv denkend andere Wege zu finden, wie wir unsere zerstörerischen Gewohnheiten durchbrechen können.

Das traditionelle Placebo: Den Geist täuschen

Eine bekannte Technik, diejenigen Funktionen des Körpers zu kontrollieren, von denen wir zuvor nicht geglaubt haben, daß sie der bewußten Kontrolle zugänglich wären, ist das Biofeedback. In den sechziger Jahren wurde deutlich, daß die gezielte Kontrolle der unwillkürlichen oder vegetativen inneren Systeme wie Herzschlag, Blutdruck und Hirnströme mit Hilfe der Biofeedback-Ausrüstung möglich wäre. Diese Ausrüstung überwacht die inneren Abläufe und macht sie auf verschiedenen Arten von Skalen und Meßgeräten für die Patienten sichtbar. So liefert es ihnen eine Rückmeldung bei dem Versuch, das Funktionieren ihres Körpers zu beeinflussen. Durch «Versuch und Irrtum» (Trial and error) scheinen sie die unwillkürlichen Reaktionen unter Kontrolle zu bekommen. In den Jahren seit der ersten Vorführung von Biofeedback haben sich Forscher wie ich selbst gefragt, warum dazu äußere Vorrichtungen notwendig sind. Warum müssen die Leute auf die Biofeedback-Geräte schauen statt auf innere Hinweise? Mit anderen Worten: Können wir uns selbst üben, uns der Abläufe in unserem Körper aktiv denkend bewußt zu werden?

Eine andere Methode, die Heilkräfte des Körpers auf eine indirekte oder passive Weise zu nutzen, ist die Anwendung von Placebos. Ein Placebo ist in den meisten Fällen eine Substanz ohne alle Wirkung, die so präpariert ist, daß sie einem Wirkstoff gleicht; sie wird Patienten in Versuchen gegeben, damit man eine Basis für den Vergleich mit der Wirkung des Medikaments hat. Diese Experimente werden meistens «doppelt blind» durchgeführt, das heißt, daß weder die Versuchsleiter noch die Patienten wissen, wer das Medikament bekommt und wer das Placebo. Gewöhnlich haben auch die Placebos eine Wirkung, und es ist der Gradunterschied zwischen dieser Wirkung und der des Medikaments, der gemessen wird. Damit ein Medikament auf den Markt gebracht werden kann, muß seine Leistung über der des Placebos liegen. Wenn die Forscher keinen Unterschied zwischen den eigentlichen Pillen und den Placebos finden, müssen sie annehmen, daß die Medikation ohne Wirkung geblieben ist. Das läßt allerdings Fragen offen, denn Placebos können eine mächtige Wirkung haben. Tatsächlich nimmt man an, daß ein großer Teil der Wirkung einer Verordnung ein Placebo-Effekt ist. Ein bekannter Scherz ist die Ermahnung an Ärzte, sie sollten «so viele Patienten wie möglich mit den neuen Medikamenten behandeln, solange sie noch die Kraft zu heilen haben...».

Wenn Patienten ein Placebo bekommen und dann gesund werden, wird ihre Krankheit als «nur psychisch» angesehen. (Wir sehen da den alten Dualismus von Geist und Körper in schönster Blüte.) Es ist interessant, daß niemand die Wirkung eines Medikaments untersucht, indem er den Patienten sagt, es sei nur ein Placebo. (Ist das das stillschweigende Eingeständnis, daß die Macht des Geistes die Wirkung eines Medikaments ändern könnte?)

Trotz des großen Interesses an Placebos weiß noch niemand, wie sie eigentlich genau wirken. Um das zu untersuchen, haben Forscher eine «Placebo-Behandlung» bei der Veränderung des Immunsystems von Ratten angewandt. Eine bemerkenswerte Studie befaßte sich mit der Frage, wie lange man mit einer Placebo-Behandlung das Leben von Ratten verlängern könnte, die genetisch prädisponiert waren für eine Krankheit mit Namen *Systemischer Lupus erythematodes* (Schmetterlingsflechte).[149] Bei dieser Autoimmunkrankheit kehrt sich das Immunsystem gegen den eigenen Körper. Die erste Gruppe von Ratten bekam jede Woche eine Injektion eines Medikaments, das die Immunreaktionen unterdrückte, und zwar unmittelbar nach einer neuen Trinkflüssigkeit. Die zweite Gruppe bekam die gleiche Behandlung, Getränk und Injektion, aber jedes zweite Mal wurde das Medikament durch einen wirkungslosen Stoff ersetzt. Damit bekam diese zweite Gruppe also nur halb soviel Heilmittel wie die erste Gruppe. Die dritte Gruppe bekam die gleichen Dinge wie die zweite, aber sie bekam Getränk und Injektion ohne Verbindung untereinander, an verschiedenen Tagen. Eine Kontrollgruppe schließlich bekam das neue Getränk einmal die Woche zusammen mit einer wirkungslosen Injektion. Diese vierte Gruppe bekam also das Medikament zur Unterdrückung der Immunreaktion überhaupt nicht.

Für unseren Zweck findet der kritische Vergleich zwischen der zweiten und der dritten Gruppe statt. Wenn sich die Krankheit bei den Tieren der zweiten Gruppe langsamer entwickelte als bei denen der dritten Gruppe, unterdrückten die Ratten irgendwie ihr eigenes Immunsystem auf eine Weise, die nicht auf das Medikament geschoben werden konnte.

149 Ader, R. und C. Cohen: «Behaviorally Conditioned Immunosuppression and Nurive Systemic Lupus Eurythematosus», *Science 215* (1982): 1534–1536.

Und genau das war der Fall. Die Sterblichkeitsrate der zweiten Gruppe lag signifikant niedriger. Tatsächlich lag die Sterblichkeitsrate bei der dritten Gruppe genauso hoch wie bei der Kontrollgruppe. Ebenso verblüffend war, daß die Sterblichkeitsrate bei der ersten und der zweiten Gruppe fast gleich war, obwohl doch die erste Gruppe doppelt soviel von dem Medikament bekommen hatte. Es hatte sich in erregender Weise bestätigt, daß das Placebo eine starke Wirkung auf das Immunsystem hatte.

Die Wirkung von Placebos ist real und gewaltig. Wer oder was heilt da, wenn man ein Placebo nimmt? Warum können wir nicht einfach unser Inneres auffordern, «bitte diesen leidenden Körper kurieren»? Warum müssen wir unseren Geist täuschen, um unsere Selbstheilungskräfte zu mobilisieren? Placebos, Hypnose, Autosuggestion, Gesundbeterei, Visualisierung, positives Denken, Biofeedback gehören zu den vielen Arten, auf die wir diese Kräfte zu aktivieren gelernt haben. Jede kann als ein Manöver zur Veränderung von Einstellungen gesehen werden, die es uns ermöglicht, von einem ungesunden zu einem gesunden Kontext überzugehen. Je mehr wir lernen, dies aktiv denkend und gezielt zu betreiben, statt uns auf künstliche, indirekte Strategien zu verlassen, desto mehr haben wir Kontrolle über unsere eigene Gesundheit.

Das wirksame Placebo: den Geist heranziehen

Bei mehreren der eben erwähnten Heilpraktiken ist die Rolle des Individuums bei der Besserung durchaus nicht passiv. Eine gezielte Bemühung, eine ungesunde Einstellung oder eine verfrühte kognitive Festlegung zu verändern, ist offensichtlich. Nehmen Sie etwa die Hypnose. Die meisten Zeitgenossen, die über das Thema geschrieben haben, sind sich darüber einig, daß Hypnose ohne Einwilligung des Mediums nicht möglich ist. Manche gehen sogar soweit zu sagen, daß alle Hypnose Selbsthypnose sei.[150]

Die Behandlung von Warzen illustriert die Selbstheilungskräfte sehr anschaulich. Man nimmt an, daß es sich bei Warzen um eine Virusinfektion handelt; Warzen sind als «echter» körperlicher Zustand ausgewiesen: sie sind sichtbar, fühlbar und dauerhaft. Trotzdem sprechen sie auf Hypnose an. Der Biologe Lewis Thomas schrieb in seinem Buch *Die Meduse und die Schnecke*: «Am merkwürdigsten ist an Warzen, daß sie verschwinden können... Man kann sie sogar durch Denken wegbringen... Es ist eines der Mysterien der Wissenschaft: man kann Warzen weghypnotisieren.»[151]

Thomas beschreibt dann eines von mehreren Experimenten, wo eine Gruppe von Versuchspersonen hypnotisch aufgefordert wurde, sich von ihren Warzen zu befreien, und eine Gruppe von Kontrollpersonen bekam diese Aufforderung nicht. Bei der Versuchsgruppe hatte über die Hälfte der Personen Erfolg und wurde ihre Warzen los, bei der Kontrollgruppe dagegen keine. Thomas weist darauf hin, wie schwierig es sein dürfte, das ohne die Weisheit des Körpers zu erreichen. Man müsse schon «Zellbiologe von Weltklasse» sein, um zu wissen, welche Anweisungen man geben müsse, um die Warze zu beseitigen. Dabei waren aber die Versuchspersonen, die ihre Warzen los wurden, ganz normal gebildete Personen.

Ein weiteres aufregendes Experiment mit Warzen zeigt,

150 Kelly, S.F. und R.J. Kelly: «Hypnosis», Reading, MA, 1985, S. 21.

151 Thomas, L.: «Die Meduse und die Schnecke. Gedanken eines Biologen über die Mysterien von Mensch und Natur», deutsch von Walter Theimer, Köln 1981.

wie präzise unsere Anweisungen an den Körper sein können: «Einmal wurden vierzehn Patienten hypnotisiert, die
auf beiden Seiten von Warzen übersät waren, die anscheinend jeder Behandlung trotzten. Man suggerierte ihnen, daß
alle Warzen auf der einen Körperseite verschwinden würden. Nach einigen Wochen zeigten sich eindeutig positive
Ergebnisse: bei neun Patienten waren alle oder fast alle Warzen auf der suggerierten Seite weg, während die als Kontrolle dienende andere Seite ebenso viele Warzen zeigte wie
vorher.» [152]

Obwohl *wir* eine so große Rolle bei der Heilung unter Hypnose spielen, kommt sie einem immer noch passiv vor. Auf
welche Weise können wir aktiver an unserer Gesundheit arbeiten? Zunächst einmal müssen wir die Kontrolle wiederge-
winnen, die wir gedankenlos aufgegeben haben, als wir einen
«Fachmann» konsultierten. Seit wir es unseren Müttern
überlassen haben, eine Schramme am Knie mit einem Pflaster
und einem Küßchen zu behandeln, haben wir an der Annahme festgehalten, daß nur irgend jemand anders uns gesund machen könne. Wenn wir zu einem Fachmann gehen
und uns einen lateinischen Namen für unser Problem sagen
und eine Verordnung geben lassen, ist diese alte Einstellung
wieder mal bestätigt. Aber was ist, wenn man uns den lateinischen Namen ohne Verordnung dazu nennt? Stellen Sie sich
vor, Sie gingen wegen allerlei Wehwehchen und Schmerzen
zum Arzt, und er sagt Ihnen, Sie hätten *Zapalitis*, und dagegen könne man kaum etwas tun. Bevor Sie wußten, daß es
Zapalitis war, achteten Sie in aktiv denkender Weise auf jedes
kleine Symptom und taten alles, um sich besser zu fühlen.
Jetzt hingegen wissen Sie, daß man nichts tun kann. Also tun

152 Sinclair-Gieben, A. H. C. und D. Chalmers: «Evaluation of
Treatment of Warts by Hypnosis», *Lancet* (3. Oktober 1959):
480–482, zitiert nach Thomas, a. a. O. S. 82/83.

Sie auch nichts. Ihre Motivation, etwas gegen die Schmerzen zu tun, in Ihren Körper hineinzuhorchen, ist durch ein Etikett aufgehoben worden.

In den letzten zehn Jahren etwa hat eine neue Art von fähigen Patienten/Klienten versucht, die Kontrolle über die eigene Gesundheit wiederherzustellen. Viele von den alternativen Therapien, denen sich diese Patienten zugewandt haben, haben als Zutat gesteigertes Aktives Denken. Zum Beispiel arbeitet Carl Simonton seit Jahren daran, die Einstellung zu tilgen, daß Krebs das Todesurteil bedeute. Er glaubt, daß Krebs oft ein Symptom für Schwierigkeiten im Leben eines Menschen sei. «Der Krebspatient hat bezeichnenderweise auf Probleme und Druck mit tiefer Hoffnungslosigkeit reagiert oder ‹aufgegeben›.»[153] Diese emotionale Reaktion beginnt, so meint Simonton, physiologische Reaktionen hervorzurufen, die die natürlichen Abwehrkräfte des Körpers unterdrücken; so wird zugelassen, daß der Körper abnormale Zellen produziert. Die Simonton-Methode für Krebspatienten bezieht die aktive Phantasie des Patienten ein. Der Patient muß dabei einerseits den Krebs und andererseits die «guten» Zellen in seinem Körper visualisieren oder die Chemotherapie oder die Strahlen, die den Krebs zerstören. Um sich daran richtig beteiligen zu können, muß der Patient die Einstellung Krebs gleich Killer austauschen gegen die von dem Tumor, der gekillt wird.

Norman Cousins' Herangehen an seine eigene bedrohliche Krankheit (eine der frühesten «alternativen» Therapien) schloß eine fest umrissene Änderung des Kontexts ein. Er verließ das Krankenhaus und mietete sich in einem Hotel ein, wo er Tropf und sterile Umgebung gegen alte Filme mit den Marx Brothers tauschte. In *Der Arzt in uns selbst* beschreibt er die

153 Simonton, O.C., S. Matthews-Simonton und J.L. Creighton: «Wieder gesund werden», Reinbek 1982.

Veränderung, die sich in seinem Geist vollzog, als schnell und umfassend.[154]

Es mag andere alternative Heilungsmethoden geben als die hier beschriebenen. Mir geht es nur darum, die Ähnlichkeit zwischen diesen Methoden und den bereits beschriebenen Definitionen von Aktivem Denken zu zeigen. Wann immer wir versuchen, uns selbst zu heilen und die Verantwortung nicht nur den Ärzten zu überlassen, ist jeder Schritt Aktives Denken. Zum Beispiel stellen wir die destruktiven Kategorien von Krankheit in Frage (wie die Vorstellung von Krebs als einem Todesurteil). Wir begrüßen neue Informationen, ob sie aus unserem Körper kommen oder aus Büchern. Wir betrachten unsere Krankheit aus mehr als nur einer (der medizinischen) Perspektive. Wir arbeiten an der Veränderung des Kontexts, egal, ob es um Stress am Arbeitsplatz geht oder um deprimierende statt positiver Ansichten vom Krankenhaus. Schließlich beschäftigt uns der Versuch, gesund zu bleiben, statt «gesund gemacht» zu werden, notwendig eher mit dem Prozeß als dem Ergebnis.

Bei der Anwendung der Theorie des Aktiven Denkens auf Gesundheit habe ich bisher überwiegend mit älteren Menschen gearbeitet. Der Erfolg – längeres Leben durch mehr kognitive Forderungen an Insassen von Seniorenheimen, oder durch Meditation oder flexibleres neues Denken – gibt uns Grund zu der Annahme, daß die gleichen Techniken dazu genutzt werden könnten, auch schon in früherem Lebensalter die Gesundheit zu fördern und Krankheiten abzukürzen.[155]

---

154 Cousins, N.: «Der Arzt in uns selbst», deutsch von Klaus Schomburg und Sylvia Schomburg-Scherff, Reinbek 1981.

155 Langer, E., J. Rodin, P. Beck, C. Weinman und L. Spitzer: «Environmental Determinants of Memory Improvement in Late Adulthood», *Journal of Personality and Social Psychology 37* (1979): 2003–2013. – Langer, E., P. Beck, R. Janoff-Bulman und C. Timko: «The Relation-

Kürzlich gaben wir in einem Versuch Personen, die an Arthritis litten, verschiedene interessante Wortaufgaben auf, um sie geistig zu aktivieren. Zum Beispiel nannten wir den Versuchspersonen leicht frisierte Sprichwörter wie «Ein Spatz auf dem Dach ist besser als eine Taube in der Hand» und baten sie dann um eine Erklärung. Vergleichspersonen bekamen die bekannten Versionen der Sprichwörter. In der aktiv denkenden Gruppe änderten sich nicht nur die subjektive Einschätzung von Behagen und Zufriedenheit, sondern auch ein Teil der Chemie ihres Leidens (in diesem Falle die Blutsenkungsgeschwindigkeit).[156] In der Vergleichsgruppe gab es keine signifikanten Veränderungen.

In diesem Kapitel habe ich zwei Arten beschrieben, auf die wir die Gesundheit zu beeinflussen gelernt haben: indem wir ungesunde Einstellungen gegen gesunde austauschen und indem wir allgemein das Aktive Denken steigern. Letzteres ist dauerhafter und führt zu mehr persönlicher Kontrolle. Der eigentliche Wert von «wirkenden Placebos» zeigt sich, wenn die Leute sie sich selbst zunutze machen. Erinnern Sie sich, wie Sie das Radfahren gelernt haben. Jemand, der größer und älter war, hielt das Rad, damit Sie nicht umkippten, bis Sie selbst Balance halten konnten. Dann ließ die starke Hand, ohne daß Sie es wußten, los, und Sie fuhren allein. Sie hatten das Fahrrad in der Gewalt, ohne es zu wissen. So etwas erleben wir alle immer wieder im Leben. Wir haben Macht über

ship Between Cognitive Deprivation and Longevity in Senile and Nonsenile Elderly Populations», *Academic Psychology Bulletin 6* (1984): 211–226. – Alexander, C., E. Langer, R. Newman, H. Chandler und J. Davies: «Transcendental Meditation, Mindfulness and Longevity: An Experimental Study with the Elderly», *Journal of Personality and Social Psychology* (im Druck).

156 Langer, E., S. Field, W. Paches und E. Abrams: «A Mindful Treatment for Arthritis», Harvard 1988.

unsere Gesundheit oder den Verlauf unserer Krankheiten, ohne es recht zu wissen. Auf dem Fahrrad damals haben Sie irgendwann gemerkt, daß Sie selbst die Kontrolle hatten. Jetzt könnte der Zeitpunkt sein, an dem Sie lernen, wie Sie Ihre Krankheiten erkennen und kontrollieren können.

In gewissem Sinne sollten wir in der Lage sein, ein Placebo statt einer Tablette «einzunehmen». Geist und Körper als eins zu begreifen bedeutet, wohin immer wir den Geist richten, dorthin können wir auch den Körper richten. Für die meisten von uns muß, jedenfalls zur Zeit, der Geist noch getäuscht werden, damit wir einen «gesunden Ort» erreichen. Wenn wir erst gelernt haben, ihn bewußt dorthin zu richten, könnte der Körper, wie der Augenschein zeigt, folgen. In einem Buch, das er so hübsch «Neue Schläuche für neuen Wein» (*New Bottles for New Wine*) genannt hat, zitiert Julian Huxley seinen Großvater, den berühmten Biologen Thomas Huxley, zum Thema Glauben: «Jedermann sollte in der Lage sein, einen Grund für den Glauben anzugeben, der in ihm ist. Mein Glaube ist der an die menschlichen Möglichkeiten.» [157]

---

157 Huxley, J.: «New Bottles for New Wine», London 1957.

Nachwort

Über das Aktive Denken hinaus

> *Corinnus:* Und wie gefällt Euch dies Schäferleben, Meister Probstein?
> *Probstein:* Wahrhaftig, Schäfer, an und für sich betrachtet, ist es ein gutes Leben; aber in Betracht, daß es ein Schäferleben ist, taugt es nichts. In Betracht, daß es einsam ist, mag ich es wohl leiden, aber in Betracht, daß es stille ist, ist es ein sehr erbärmliches Leben. Ferner, in Betracht, daß es auf dem Lande ist, steht es mir an; aber in Betracht, daß es nicht am Hofe ist, wird es langweilig. Insofern es ein mäßiges Leben ist, seht Ihr, ist es nach meinem Sinn; aber insofern es nicht reichlicher dabei zugeht, streitet es sehr gegen meine Neigung. Verstehst Philosophie, Schäfer?
>
> William Shakespeare, *Wie es euch gefällt* [158]

Wenn ich einen Vortrag über Aktives Denken halte, werden mir bestimmte Fragen immer wieder gestellt: Wie kann man denn die ganze Zeit aktiv denken? Ist das nicht viel zu mühsam? Wenn wir dauernd aktiv denkend neue Unterscheidungen machen, wie können wir dann je eine Entscheidung treffen?

Wenn die Beispiele für Aktives Denken wie die in der zweiten Hälfte dieses Buches diese Fragen noch nicht zu beantworten scheinen, versuche ich es mit Metaphern. Um beispielsweise zu verstehen, warum es nicht nötig ist, sich pausenlos und in jeder Hinsicht aktiv denkend zu verhalten, stellen Sie sich das Gehirn als eine große Firma mit einem «Vorstandsvorsitzenden» vor. Dieser VVS hat die Aufgabe, das Funktionieren innerhalb der Gesellschaft sowie ihre Ge-

---

158 Shakespeare, W.: «Wie es euch gefällt», deutsch von A. W. von Schlegel. Werke Bd. 3, hrsg. von L. L. Schücking, Darmstadt 1961.

schäfte mit der Außenwelt zu kontrollieren, aber er kann und soll nicht alles und jedes selbst überwachen. Zum Beispiel ist die Aufgabe, die Heizung in der Firmenzentrale zu unterhalten, normalerweise an die Hausverwaltung delegiert; der VVS braucht sich nicht darum zu kümmern, außer wenn größere Investitionen für eine Erneuerung notwendig werden. So ähnlich können wir im allgemeinen die Verantwortung für das Atmen delegieren. Wir brauchen nicht aktiv darüber nachzudenken, bis vielleicht eine Erkältung, ein leidenschaftlicher Kuß oder die Vorbereitung für einen Marathonlauf Atmen zum Problem macht. Viele komplizierte Tätigkeiten, zum Beispiel Autofahren, erfordern in der Anfangsphase große Aufmerksamkeit, später aber ist dabei ein Aktives Denken kaum noch nötig. Wer tüchtig ist – wie der VVS –, teilt die Aufmerksamkeit weise zu und trifft eine Auswahl, wo und wann Aktives Denken anzuwenden ist.

Ein tüchtiger VVS muß außerdem in seinem eigenen Job aktiv denken. In der Krise ist der VVS, der gedankenlos Routinelösungen anwendet, die er in seiner Lehrzeit oder sonst früher einmal gelernt hat, der Situation vielleicht nicht gewachsen. Ein aktiv denkender VVS kann auf zwei Ebenen aktiv denken: indem er einfach die Krise aktiv denkend meistert, oder indem er sie zum Anlaß für eine Innovation nimmt. Wenn etwa die Produktivität der Angestellten abnimmt, könnte der gedankenlose VVS das bemerken und die Beaufsichtigung durch die Firmenleitung steigern; der besonders aktiv denkende VVS aber könnte die Gesamtsituation für die Angestellten überdenken und sich einen Plan zur Aktienbeteiligung oder einen Firmenkindergarten ausdenken.

Dieses Aktive Denken zweiter Ordnung, bei dem man entscheidet, wem oder was man sein Aktives Denken widmet, ist etwas, das wir die ganze Zeit über tun können. Obwohl wir nicht an alles gleichzeitig aktiv denken können und wollen, können wir doch immer an *etwas* aktiv denken. Die wichtigste Aufgabe für den VVS und für uns alle ist die Wahl dessen, woran wir aktiv denken wollen. Statt den ganzen Tag damit zuzubringen, daß er jede Aufgabe und jeden Handgriff in der Produktion überprüft, wählt der wirklich aktiv denkende VVS aus, wo er achtgibt.

Trotzdem werde ich gefragt, ist es denn nicht notwendig, manche Dinge gedankenlos zu erledigen, um zu Entscheidungen kommen zu können? – Denken Sie an die Wahl eines Restaurants. Soll ich zum Essen in ein chinesisches oder ein französisches Restaurant gehen? Wenn ich mich für chinesisches Essen entscheide, geh ich dann ins «Schantung» oder in die «Peking-Ente» oder in den «Blauen Lotos» oder zu «Ming»? Beim einen schmeckt das Hähnchen besonders gut, der andere hat manchmal erstklassige kurze Rippe, das dritte liegt sehr günstig, und im vierten sitzt man so gemütlich. Dieses ist billiger. Wenn ich dorthin gehe, treffe ich vielleicht Norm, Carol, Carrie und Andrea – das wäre doch hübsch. Und was ist mit dem Thai-Restaurant in der nächsten Querstraße, das gerade neu eröffnet hat?

Man muß hier nicht jede der Alternativen aktiv denkend prüfen; das Problem ist die Annahme, daß Sie, wenn Sie immer mehr Argumente sammeln und sich selbst Fragen stellen, *die* Antwort schon finden werden. Es ist bezeichnend, daß wir glauben, wir müßten eine Wahl ganz rational treffen können, und daß, wenn wir mit einer Entscheidung Schwierigkeiten haben, es daran liegt, daß wir nicht genug Informationen haben. Aktives Denken zweiter Ordnung erkennt, daß es *die* richtige Antwort nicht gibt. Entscheidungen trifft man unabhängig von gesammelten Informationen. Nicht Informationen entscheiden. Menschen tun es – ob es ihnen leichtfällt oder nicht. Widersprüchliche Gefühle über eine Entscheidung oder über Menschen – Freunde, Geliebte, Ehepartner – werden dann zum Problem, wenn wir überzeugt sind, daß weitere Informationen die Widersprüchlichkeit in der einen

oder anderen Richtung aufheben können. Neue Fragen zu
entwickeln hilft nichts, weil es keinen logischen Endpunkt
gibt. Wir können irgendeinen Augenblick bestimmen, an
dem wir zu fragen aufhören, ihn als willkürlich gewählt
akzeptieren und die Entscheidung «aus dem Bauch heraus»
fällen. Dann können wir daran arbeiten, die Entscheidung
richtig zu machen, statt krampfhaft nach der richtigen Entscheidung zu suchen.

Um diese angenommene Falle des Aktiven Denkens und
Wege zu ihrer Umgehung zu verstehen, sehen wir uns ernst-
haftere Beispiele an. Denken Sie an einen Arzt oder einen
Richter, der mit der Frage beschäftigt ist, ob man im Falle
unerträglicher Schmerzen Leben verlängern soll. Tom Schelling, ein Kollege von der John F. Kennedy School of Govern-
ment in Harvard, wies darauf hin, daß es zwei verschiedene
Konsequenzen hätte, wenn man einem an einer gräßlichen
Krankheit leidenden Menschen die Mittel verschaffte, sich
selbst zu töten. Einerseits wird Leben verkürzt, wenn sich die
Leute die Gelegenheit flink zunutze machen. Andererseits
kann die größere Kontrolle über das eigene Geschick Menschen dazu bringen, daß sie länger zu leben wünschen als
ohne diese Kontrolle.[159]

Die widersprüchliche Information dieses Aktiven Denkens
bei Überlegungen scheint Entscheidungen noch schwerer zu
machen. Tatsächlich wirft sie die Diskussion dahin zurück,
wohin sie gehört: auf die persönlichen Werte. Arzt, Richter
und Patient müssen sich entscheiden zwischen dem Prinzip,
Leben mit allen Mitteln zu verlängern, und dem «Recht», die
Qualität des eigenen Lebens selbst zu bestimmen. Weitere

---

159 Eine persönliche Aussage von Tom Schelling. Zur weiteren
Diskussion des Themas Tod und Entscheiden: Schelling, T.: «Strategic
Relationships and Dying», in *Death and Decision*, ed. E. McMullin,
Boulder, CO, 1978, S. 63–73.

Unterscheidungen führen nicht zu absolut richtigen Antworten.

Aktiv denkend zu leben kann man vergleichen mit Leben in einem durchsichtigen Haus. Bei den Häusern, in denen wir im allgemeinen wohnen, würden wir, wenn wir uns etwa im Wohnzimmer aufhielten und einen Gegenstand brauchten, der im Keller liegt, uns vielleicht seines Vorhandenseins nicht bewußt sein. In unserem durchsichtigen Haus stünden die Gegenstände immer zur Verfügung. Wir könnten im Wohnzimmer den Gegenstand im Keller auch dann noch sehen, wenn wir ihn nicht haben wollen oder ihn im Augenblick nicht brauchen können. Wenn wir aktiv denkend und flexibel lernten, könnten wir im Geist jederzeit bereit sein. Es stimmt zwar, daß wir nicht an alles zugleich denken können, aber wir könnten es wenigstens zur Verfügung haben. Auf diese Weise wachsam zu sein, offen für neue Perspektiven und neue Informationen, ist keine Mühe. Was Mühe macht, ist das *Umschalten* von gedankenlos zu aktiv denkend, genauso wie es in der Physik Energie kostet, einem sich bewegenden Körper eine neue Richtung zu geben oder einen ruhenden Körper in Bewegung zu setzen.

Aktiv denkendes Bewußtsein von verschiedenen Optionen gibt uns größere Kontrolle. Das Gefühl von Kontrolle wiederum ermutigt uns zu mehr Aktivem Denken. Aktives Denken ist nicht lästig; es erhält uns in ständiger Bewegung.

Ein Grund dafür, daß Aktives Denken mühsam scheinen könnte, ist die Qual negativer Gedanken. Wenn die Gedanken unbequem sind, versuchen die Menschen sie oft auszulöschen. Der Schmerz stammt jedoch nicht aus dem Aktiven Denken und Bewußtsein, sondern aus dem einseitigen Verständnis eines schmerzlichen Ereignisses. Eine aktiv gedachte neue Perspektive würde den Schmerz effektiver stillen.

Auch Gedanken der Angst haben das Aktive Denken in Verruf gebracht. Stellen Sie sich vor, Sie sitzen in einem Wagen, der verdächtige schleifende Geräusche macht. Es kann uns nicht daran gelegen sein, sagen Sie, all das zu bedenken, was in so einem Wagen nicht in Ordnung sein könnte. Gedankenlos sicher zu sein, daß das Geräusch einen gefährlichen Grund hat, ist jedoch auch weder angenehm noch hilfreich. Wenn es eine Lösung gibt, dann wird sie der aktiv denkende Mensch eher finden. Ängstlichkeit ist gedankenlos, und Gedankenlosigkeit ist nicht entspannend. Tatsächlich können bedrückende Dinge weniger belastend werden, wenn man sie aus verschiedenen Perspektiven betrachtet.

Während manche Leute glauben, daß Aktives Denken anstrengend wäre, zeigt die in diesem Buch diskutierte Forschung, daß Aktives Denken das Gefühl vermittelt, mehr Kontrolle und größere Freiheit zu haben und nicht vom *Burnout* bedroht zu sein.

Selbst mit den genauesten Definitionen, den feinsten Forschungsentwürfen und den sorgfältigsten Antworten auf alle Fragen läßt sich Aktives Denken, wie der Bach, mit dem wir es zu Beginn verglichen haben, nicht fassen und ein für allemal analysieren. Die Versuche, die meine Kollegen und ich durchgeführt haben, und die Anekdoten aus dem täglichen Leben, die in diesem Buch berichtet werden, sind nur eine Andeutung von dem enormen Potential des Aktiven Denkens. Bei dem Versuch, es zu quantifizieren oder es auf eine Formel zu reduzieren, würden wir Gefahr laufen, die Gesamtheit aus dem Blick zu verlieren. C. M. Gillmore erzählt eine großartige Geschichte zur Warnung für diejenigen, die auf ordentlichen, definitiven Ergebnissen bestehen:

«Einst fuhr ein hochgeachteter und verehrter Spezialist für die Messung geistiger Vorgänge an einer großen Universität über die Meere, um einen wohlverdienten Urlaub zu genießen. Eines schönen Tages landete sein Schiff in einem winzigen Hafen an einem ganz kleinen Atoll, wo, wie ihm die Besatzung mitteilte, sie gelegentlich anhielten, um drei Einsiedlern, den einzigen Bewohnern, Nahrungsmittel zu überlassen. Tatsächlich standen die drei am Strand und begrüßten den Professor; ihre langen weißen Bärte und die weißen Laborkittel flatterten im Wind; sie sahen genauso aus, wie Einsiedler aussehen sollten, und ihre Freude, ihn zu sehen, war höchst befriedigend. Sie waren, wie sie ihm berichteten, vor langer, langer Zeit auf diesen einsamen Archipel gekommen, um das reine Tierverhalten zu erforschen, ohne von der täglichen Sorge für das Leben abgelenkt zu werden, wie Unterrichten, Fakultätskonferenzen und all die vielen anderen Zerstreuungen. Leider hatten sie in all den Jahren einen großen Teil der richtigen statistischen Methoden vergessen, die man ihnen an der Universität beigebracht hatte, deshalb waren sie sehr daran interessiert, ihr Wissen an der Quelle der Weisheit des Professors aufzufrischen.

Also unterhielt sich der Gelehrte stundenlang mit ihnen; er belebte ihre Erinnerung an einfache und komplexe Anordnungen, an Methoden und Techniken, die für eine Veröffentlichung notwendig wären, und belehrte sie, damit sie die geeigneten statistischen Kriterien für ihre Daten wieder erkennen könnten. Er hatte das Gefühl, eine großartige Tagesarbeit geleistet zu haben, als er auf sein Schiff zurückkehrte und davonfuhr.

Bei Morgengrauen – denn er war ein Frühaufsteher – saß er in einem Liegestuhl an Deck und sah im hellen Licht vor dem glitzernden Horizont etwas Seltsames – etwas ganz Unglaubliches. Nachdem er eine Weile versucht hatte, ein Boot oder ein Kanu oder ein Kajak oder sogar ein Floß darin zu sehen, schickte der Professor nach dem Kapitän. Zusammen sahen sie durch das Fernglas, und bald mußten sie sich das Unglaubliche eingestehen: ein Rhesusaffe, der auf dem Rücken eines großen Delphins saß, kam auf sie zu. Was sollten sie tun? Sie lehnten sich über die Reling, als Affe und Delphin ankamen. Der Affe rief:

‹Lieber, verehrter Herr Professor, wir sind im Labor der Einsiedler ausgebildet worden; sie bitten um Vergebung, daß sie uns schicken, Sie mit ihren Schwierigkeiten zu belästigen, aber sie können sich alle nicht erinnern, wie sie die Werteinstellungsgrade für Freiheit bestimmen müssen, und sie müssen das wissen, wenn ihre Forschungsergebnisse veröffentlicht werden sollen...›» [160]

Im Labor der Einsiedler war niemandem besonders aufgefallen, daß die Affen sprechen konnten.

[160] Gillmore, C. M.: «A Modern-Day Parable», *The American Psychologist* 26 (1971): 314.

Danksagungen

Da ich dieses Buch viele Male umgeschrieben und neu geschrieben habe in dem Versuch, die Gedanken für ein breiteres Publikum interessant zu machen, und jedesmal Rat und Hilfe bei geduldigen Freunden und Kollegen erbat, habe ich vielen Menschen zu danken. Robert Abelson, Daryl Bem, Anne Bernays, Otto Brodtrick, Jerome Bruner, Marjorie Garber, Roslyn Garfield, William Goode, John Hallowell, Gerald Holton, Philip Holzman, Barbara Johnson, Jerome Kagan, Aron Katz, Phyllis Katz, Barbara Levine, Beverly London, Letty Cottin Pogrebin, Helen Rees, Eric Rofes, Howard Stevenson, Phyllis Temple, Marjorie Weiner und Leonore Weitzman haben dieses Buch alle durch ihre scharfsinnigen Kommentare bereichert. Es ist eine Untertreibung zu sagen, daß ich ihnen für ihre Hilfe danke. Elaine Noble bin ich besonders verbunden für ihre bedeutenden Erkenntnisse über den Zusammenhang zwischen Aktivem Denken beziehungsweise Gedankenlosigkeit einerseits und Alkoholismus andererseits. Die technische Gestaltung des Manuskripts lag in den Händen von Julie Viens, Barbara Burg und Andrea Marcus.

Die wesentlichen Gedanken in diesem Buch stammen aus Forschungen, die in den letzten fünfzehn Jahren in Yale und in der City University of New York sowie in den letzten zwölf Jahren im Department of Psychology in Harvard durchgeführt wurden. Ich bin deshalb all jenen Menschen zu großem Dank verpflichtet, die bei diesen Untersuchungen mit mir zusammengearbeitet haben. Ganz besonders fruchtbar waren für mich die Jahre fortgesetzter Zusammenarbeit mit Benzion Chanowitz.

Manchmal gehen meine Einfälle mit mir durch. Bevor ich einen genau erklärt habe, fällt mir schon der nächste ein und fesselt meine Aufmerksamkeit. Aus diesem Grunde werden die Leser hoffentlich die tiefe Dankbarkeit mit mir teilen, die ich Merloyd Lawrence gegenüber wegen seiner tüchtigen Lektoratsarbeit hege, denn sie war für dieses Buch von unschätzbarem Wert.

Register

Erstellt von Harald R. Fabian